KB028207

모든 언어는 평등하다

지구 상의 모든 언어는
인류 공동체 문명 발전의 발자취입니다.
힘이 센 나라의 언어라 해서 더 좋거나 더 중요한 언어가 아닌 것처럼,
많은 사람들이 쓰지 않는 언어라 해서 덜 좋거나 덜 중요한 언어는 아닙니다.

문화 다양성에 따른 언어 다양성은 인류가 서로 견제하고
긍정적인 자극을 주고받으며 소통, 발전할 수 있는 계기가 됩니다.
그러나 안타깝게도 현재 일부 언어가 '국제어'라는 이름 아래
전 세계 사람들에게 강요되고 있습니다.

언어평등의 꿈은 전 세계 모든 언어를 학습할 수 있는 어학 콘텐츠를
개발하는 것입니다. 어떠한 언어에도 우위를 주지 않고, 다양한 언어의 고유
가치를 지켜나가겠습니다. 누구나 배우고 싶은 언어를 자유롭게 선택해서
배울 수 있도록 더욱 정진하겠습니다.

언어평등은 문예림의 아날로그와 디지털을 아우르는
어학 콘텐츠 브랜드입니다.
56년째 언어 생각뿐.

언어평등 시리즈
첫걸음

언어평등은 누구나 평등하고 자유롭게 전 세계 모든 언어를 학습 할 수 있도록 여러분과 함께 할 것입니다.

스와힐리어는 반투어족에 속하는 언어로 탄자니아와 케냐에서 사용되는 언어이고 특히 아프리카 남동부에 중요한 부분을 차지한다. 영어의 어순이 비슷하고 차용어도 많다. 전세계 약 5,000만 명이 스와힐리어를 모국어로 사용하고 있다.

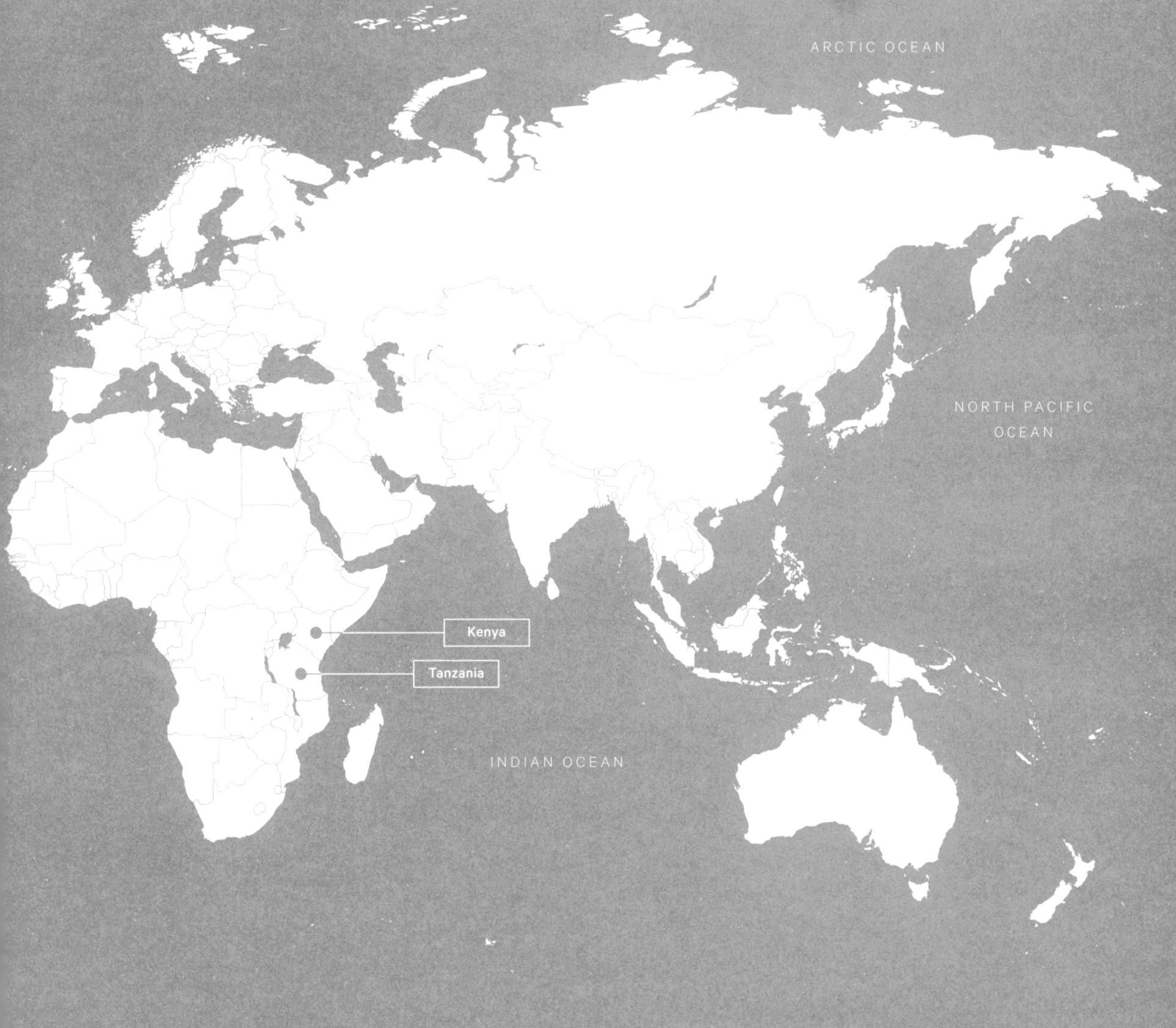
ARCTIC OCEAN
NORTH PACIFIC OCEAN
Kenya
Tanzania
INDIAN OCEAN

동영상 강의 시청하기

언어평등 (www.EQlangs.com) 구매하면
해당도서의 강의를 보실 수 있습니다.
저자가 알려주는 언어 이야기도 보실 수 있습니다.

MP3 다운로드 방법

1단계
언어평등 (www.EQlangs.com) 사이트
고객센터 - 자료실 - MP3 들어오기

2단계
제목_______________에 찾고자 하는
도서명을 입력 후 검색하세요.

www.EQlangs.com

평등한 언어 세상을 위한 시작

스와힐리어 첫걸음

평등한 언어 세상을 위한 시작

스와힐리어 첫걸음

Usawa wa lugha

Kiswahili

언어평등

평등한 언어 세상을 위한 시작

스와힐리어 첫걸음

초판 1쇄 인쇄 2019년 11월 15일
초판 1쇄 발행 2019년 11월 22일

지은이 박정경
펴낸이 서덕일
펴낸곳 언어평등

출판등록 2018.6.5 (제2018-63호)
주소 경기도 파주시 회동길 366 3층 (10881)
전화 (02)499-1281~2 **팩스** (02)499-1283
전자우편 info@moonyelim.com
홈페이지 www.EQlangs.com

ISBN 979-11-964086-1-9 (13790)
값 15,000원

✕ 스와힐리어는 아프리카를 대표하는 언어다.

세계 12대 언어 중 하나에 속하는 스와힐리어(Swahili, Kiswahili)는 케냐, 탄자니아, 우간다, 콩고민주공화국 등의 국가에서 공식어(official language), 혹은 국어(national language)의 지위를 확보하고 있으며, 말라위, 모잠비크, 잠비아, 코모로제도, 수단, 에티오피아, 소말리아, 마다가스카르, 르완다, 부룬디 등지에서도 널리 통용되는 동아프리카의 교통어(lingua franca)다.

스와힐리어를 제2언어, 혹은 제3언어로 쓰는 이들까지 포함하면 동아프리카에서 스와힐리어 화자는 1억여 명에 이른다. 아프리카연합(African Union)에서도 아프리카 토착어로는 유일하게 스와힐리어를 공식어로 채택하고 있을 만큼 국제 사회에서 스와힐리어의 중요성이 강조되고 있다.

최근 정상외교와 현지투자 확대로 한국과 아프리카 간 관계가 급속도로 진전되고 있으므로 국내에서 아프리카 토착어를 구사하는 인력에 대한 수요가 점차 증가할 것으로 예상된다.

✕ 스와힐리어는 배우기 쉬운 언어다.

스와힐리어는 단기간의 효과적이고 체계적인 학습을 통해 실제적인 맥락에서 사용이 가능한 언어다. 스와힐리어는 로마자를 이용하여 표기되기 때문에 영어 학습을 통해 로마자에 익숙한 이들은 따로 문자를 습득하는 데 시간을 할애할 필요가 없다. 한국인이 어려움을 느낄만한 발음이 스와힐리어에는 거의 존재하지 않으며, 많은 아프리카 언어들에서 발견되는 성조 역시 없다.

차 례

Contents

스와힐리어 알파벳

대문자	소문자	발음
A	a	[a]
B	b	[be]
Ch	ch	[che]
D	d	[de]
E	e	[e]
F	f	[fe]
G	g	[ge]
H	h	[he]
I	i	[i]
J	j	[je]
K	k	[ke]
L	l	[le]
M	m	[me]
N	n	[ne]
O	o	[o]
P	p	[pe]
R	r	[re]
S	s	[se]
T	t	[te]
U	u	[u]
V	v	[ve]
W	w	[we]
Y	y	[ye]
Z	z	[ze]

스와힐리어 발음

모음

스와힐리어에는 다섯 개의 모음이 존재한다.

a

강세가 올 때: '아' 발음과 유사

kit**a**bu	m**a**ji	wak**a**ti
키타부	마지	와카티

강세가 오지 않을 때: '아' 발음과 '어' 발음의 중간

kusom**a**	simb**a**	nyot**a**
쿠소마	심바	뇨타

e

'에' 발음과 유사

Kul**e**ta	kuj**e**nga	**e**mb**e**
쿨레타	쿠젱가	엠베

i

'이' 발음과 유사

v**i**ta	raf**i**k**i**	kar**i**bu
비타	라피키	카리부

o

'오' 발음과 유사

mt**o**t**o**	ku**o**mba	mas**o**m**o**
음토토	쿠옴바	마소모

u

'우' 발음과 유사

b**u**re	k**u**r**u**h**u**s**u**	k**u**s**u**k**u**ma
부레	쿠루후수	쿠수쿠마

◎ 이중모음

서로 다른 모음이 연속해서 나올 때는 각각 다른 음절로 발음해 준다.

f**ai**da	**ai**bu	z**ai**di	sh**au**ri	f**au**lu
파이다	아이부	자이디	샤우리	파울루

같은 모음이 연속해서 나올 때는 장음으로 발음해 준다.

s**aa**	mz**ee**	h**ii**	k**oo**	mg**uu**
사아	음제에	히이	코오	음구우

자음

◎ 유성 파열음 (내파음)

'ㅂ' 발음과 유사하지만 유성음이다.

b	**b**a**b**a	**b**ahati	**b**ahari
	바바	바하티	바하리

'ㄷ' 발음과 유사하지만 유성음이다.

d	**d**a**d**a	kwen**d**a	**d**awa
	다다	쿠웬다	다와

'ㄱ' 발음과 유사하지만 유성음이다.

g	**g**ari	m**g**eni	kufun**g**a
	가리	음게니	쿠풍가

◎ 무성 파열음

'ㅍ' 발음과 유사하다.

p	**p**anga	u**p**e**p**o	ku**p**otea
	팡가	우페포	쿠포테아

'ㅌ' 발음과 유사하다.

t	**t**isa	uku**t**a	**t**aa
	티사	우쿠타	타아

'ㅋ' 발음과 유사하다.

k	**k**a**k**a	**k**isu	**k**eti
	카카	키수	케티

무성 파찰음

'ㅊ' 발음과 유사하다.

ch	**ch**akula 차쿨라	**ch**a**ch**e 차체	**ch**upa 추파

유성 파찰음 (내파음)

'ㅈ' 발음과 유사하지만 유성음이다.

j	**j**ua 주아	**j**ambo 잠보	ku**j**a 쿠자

비음

'ㅁ' 발음과 유사하다.

m	**m**a**m**a 마마	**m**eno 메노	**m**oto 모토

※ 'm'이 부류접사의 형태로 단어의 앞부분에서 실현될 때는 '음' 발음과 유사하다.

mtoto 음토토	**m**wembe 음웸베	**m**fuko 음푸코

'ㄴ' 발음과 유사하다.

n	**n**e**n**e 네네	**n**a**n**e 나네	**n**usu 누수

연구개 비음

'응' 발음과 유사하다.

ng'	**ng**'ombe 응옴베	**ng**'ambo 응암보

경구개 비음

'은' 발음과 유사하며, 모음 앞에서는 'ny', 자음 앞에서는 'n'으로 표기된다.

ny	**ny**umba 눔바	**n**chi 은치	**n**je 은제

◉ 마찰 치음

'ㄸ' 발음과 유사하나 된소리가 아니라 이 사이와 혀의 마찰이 일어나도록 발음해 준다.

th	**th**ela**th**ini 뗄라띠니	**th**eluji 뗄루지

'ㄷ' 발음과 유사하나 유성음이며, 이 사이와 혀의 마찰이 일어나도록 발음해 준다.

dh	ka**dh**alika 카달리카	tafa**dh**ali 타파달리	**dh**ahabu 다하부

◉ 마찰 순치음

'ㅍ' 발음과 유사하나, 윗니와 아랫입술의 마찰이 일어나도록 발음해 준다.

f	ku**f**icha 쿠피챠	ku**f**ahamu 쿠파하무

'ㅂ' 발음과 유사하나 유성음이며, 윗니와 아랫입술의 마찰이 일어나도록 발음해 준다.

v	**v**itu 비투	ku**v**unja 쿠분자	**v**umbi 붐비

◉ 마찰 치경음

'ㅅ' 발음과 유사하다.

s	**s**a**s**a 사사	ku**s**ema 쿠세마	**s**ababu 사바부

'ㅈ' 발음과 유사하나 유성음이다.

z	**z**amani 자마니	ku**z**uru 쿠주루	**z**awadi 자와디

◉ 마찰 치경후음

'쉬' 발음과 유사하다.

sh	**sh**angazi 샹가지	kui**sh**a 쿠이샤	**sh**ahada 샤하다

마찰 성문음

'ㅎ' 발음과 유사하다.

h	**h**alafu	**h**uko	ku**h**usu
	할라푸	후코	쿠후수

마찰 연구개음

'ㄱ' 발음과 유사하나 유성음이며, 혀의 뒤 부분이 목젖 근처 입천장에 붙은 상태에서 목구멍에서 나오는 공기가 마찰을 일으키도록 발음해 준다.

gh	**gh**ali	**gh**arama
	갈리	가라마

공명음

'ㄹ' 발음과 유사하며, 혀가 입천장에 붙지 않도록 발음해 준다.

r	ku**r**uka	**r**afiki	ngu**r**uwe
	쿠루카	라피키	응구루웨

'ㄹ' 발음과 유사하며, 혀가 입천장에 붙도록 발음해 준다.

l	ku**l**a**l**a	**l**u**l**u
	쿨랄라	룰루

'우' 발음과 유사하다.

w	sa**w**a	**w**ingu	ku**w**eza
	사와	윙구	쿠웨자

'이' 발음과 유사하다.

y	ha**y**a	**y**a**y**a
	하야	야야

강세

스와힐리어의 강세는 항상 뒤에서 두 번째 음절의 모음에 온다.

b**a**-ba **바** 바 (2음절)
m-**to**-to 음 **토** 토 (3음절)
a-me-p**a**-ta 아 메 **파** 타 (4음절)
a-li-ye-k**u**-ja 알 리 예 **쿠** 자 (5음절)

Somo la

01 Jambo?

인사

별 일 없지요?

MAZUNGUMZO

지호와 미나 부부는 지금 막 케냐의 수도 나이로비에 도착했다.
공항으로 마중을 나온 그들의 친구 주마는 반갑게 인사를 건넨다.

주마: (지호에게) Jambo, bwana?
지호: Jambo.
주마: (미나에게) Hujambo, bibi?
미나: Sijambo, Juma.

주마: 신사 분께서는 별 일 없지요?
지호: 별 일 없습니다.
주마: 숙녀 분께서는 별 일 없지요?
미나: 저는 별 일 없습니다, 주마 씨.

지호와 미나 부부는 주마의 부인 아샤와 아이들의 안부를 묻는다.

지호: (주마에게) Asha hajambo?
주마: Hajambo.
미나: (주마에게) Watoto hawajambo?
주마: Hawajambo. Asante!

지호: 아샤 씨는 별 일 없지요?
주마: 그녀는 별 일 없습니다.
미나: 아이들은 별 일 없지요?
주마: 그들은 별 일 없습니다. 감사합니다!

MSAMIATI

jambo 일, 사건, 별 일 없지요?

hujambo 별 일 없지요? (한 사람에게)

sijambo 별 일 없습니다.

bwana 신사, ~씨 (남자에게)

bibi 숙녀, ~양 (여자에게)

hajambo 그(그녀)는 별 일 없지요?

watoto 아이들 (단수 mtoto)

hawajambo 그들은 별 일 없지요?

asante 감사합니다

SARUFI

부정주격전철과 'jambo'를 이용한 인사법

(1) 'jambo'를 이용한 표현은 스와힐리어 인사의 일반적인 형태로서 부정주격전철(Negative Subject Prefix)과 함께 사용된다.

Hujambo?	당신 별 일 없지요? ('hu-' 2인칭 단수 부정주격전철)
Sijambo.	저는 별 일 없습니다. ('si-' 1인칭 단수 부정주격전철)
Hamjambo?	당신들 별 일 없지요? ('ham-' 2인칭 복수 부정주격전철)
Hatujambo.	우리는 별 일 없습니다. ('hatu-' 1인칭 복수 부정주격전철)
Hajambo?	그는 별 일 없지요? ('ha-' 3인칭 단수 부정주격전철)
Hajambo.	그는 별 일 없습니다.
Hawajambo?	그들은 별 일 없지요? ('hawa-' 3인칭 복수 부정주격전철)
Hawajambo.	그들은 별 일 없습니다.

(2) 'jambo'를 이용한 인사 표현은 부정주격전철 없이 쓰이기도 한다.

Jambo?	별 일 없지요?
Jambo.	별 일 없습니다.

(3) 'jambo'의 복수형인 'mambo'는 격식을 차리지 않아도 되는 친구들 간 인사에 사용되며, 탄자니아의 스와힐리어 화자들이 주로 사용한다.

Mambo?	어떻게 돼가?
Poa.	좋아.

-poa 진정하다, 회복하다

※ m/wa 부류 부정주격전철

	단수	복수
1인칭	si-	hatu-
2인칭	hu-	ham-
3인칭	ha-	hawa-

MATUMIZI

'jambo'를 이용한 인사말

Jambo? 별 일 없지요?
Jambo. 별 일 없습니다.

Hujambo, Juma? 주마 씨, 별 일 없지요?
Sijambo. 저는 별 일 없습니다.

Bwana Kim hajambo? 김 선생님은 별 일 없으시지요?
Hajambo. 그분은 별 일 없으십니다.

Hamjambo, wanafunzi? 학생들, 별 일 없지?
Hatujambo, mwalimu. 선생님, 저희는 별 일 없습니다.

Wazazi wako, hawajambo? 당신의 부모님들께서는 별 일 없으시지요?
Hawajambo. 그분들은 별 일 없으십니다.

Mambo? 어떻게 돼가?
Poa. 좋아.

wanafunzi 학생들 (단수는 mwanafunzi)

mwalimu 선생님

wazazi 부모님 (단수는 mzazi)

wako 너의 (2인칭 단수 소유격의 기본형은 -ako)

MAZOEZI

1 다음 인사에 대한 알맞은 대답을 쓰세요.

1 Hujambo? ____________

2 Hamjambo? ____________

3 Hawajambo? ____________

4 Bibi Fatuma, hajambo? ____________

5 Mambo? ____________

2 스와힐리어로 작문하세요.

1 별 일 없지요? ____________

별 일 없습니다. ____________

2 그는 별 일 없지요? ____________

그는 별 일 없습니다. ____________

3 당신들은 별 일 없지요? ____________

우리들은 별 일 없습니다. ____________

3 빈칸에 m/wa 부류 부정주격전철을 쓰세요.

	단수	복수
1인칭	1	4
2인칭	2	5
3인칭	3	6

Somo la

02 Habari?

안부 묻기

어떻게 지내세요?

MAZUNGUMZO

케냐의 나이로비에 머물고 있는 지호와 미나는 주마의 어머니인 할리마의 집을 방문하게 되었다. 그들 일행이 할리마 집 앞에 도착했다.

주마: (현관문을 똑똑 두드리며) Hodi?

할리마: (집 안에서) Karibu!

주마: Shikamoo, mama.

할리마: Marahaba.

주마: Habari gani?

할리마: Salama tu.
(지호와 미나에게) Hamjambo?

지호, 미나: Hatujambo, mama.

주마: Hawa ni rafiki zangu.
(지호와 미나를 각각 가리키며)
Huyu ni bwana Park Jiho, na huyu ni mke wake, bibi Lee Mina.

할리마: Karibuni! Mnatoka wapi?

지호: Tunatoka Korea.

할리마: Habari za safari?

미나: Njema.

주마: 계세요?

할리마: 환영합니다!

주마: 어머니, 안녕하시지요.

할리마: 잘 지내고 있단다.

주마: 어떻게 지내세요?

할리마: 평안할 뿐이지.
당신들은 별 일 없지요?

지호, 미나: 저희는 별 일 없습니다, 어머니.

주마: 이 사람들은 내 친구들입니다.
이 사람이 박지호 씨이고, 이 사람은 그의 부인 이미나 씨입니다.

MSAMIATI

hodi 들어가도 될까요?

karibu 환영합니다 (한 사람에게)

shikamoo 나이 많은 사람이나 상급자에 대한 인사

marahaba 'shikamoo'의 대답

mama 어머니, 성인 여성에 대한 존칭

habari 소식, 정보, 뉴스

gani 어떤

habari gani? 어떠세요, 어떤 소식이 있습니까? (상대의 안부를 물을 때)

salama 안전, 평화, 평안합니다, 건강합니다 ('habari~'에 대한 대답)

tu 단지, 오직, ~일 뿐

hamjambo 당신들 별 일 없지요?

hatujambo 우리는 별 일 없습니다.

hawa 이 사람들 (지시대명사)

ni ~이다

rafiki 친구 (단 · 복수 동일)

zangu 나의 ('-angu' 1인칭 단수 소유대명사)

huyu 이 사람 (지시대명사)

mke
부인('mwanamke'의 축약형)

wake 그의('-ake' 3인칭 단수 소유대명사)

karibuni
환영합니다(여러 사람에게)

mnatoka wapi?
당신들은 어디서 왔나요?

tunatoka Korea
우리들은 한국에서 왔습니다.

safari 여행

habari za safari
여행은 어땠나요?

njema 좋습니다
('habari~'에 대한 대답)

할리마: 환영합니다! 당신들은 어디서 왔습니까?
지호: 저희는 한국에서 왔습니다.
할리마: 여행은 어떠했습니까?
미나: 좋았습니다.

SARUFI

1 'habari'를 이용한 인사

'habari' 역시 스와힐리어 인사에 자주 나타나는데 'habari za' 뒤에 따라오는 단어에 따라 다양한 시간, 장소, 상황 등에서 사용될 수 있다.

Habari?	어떠세요?
Nzuri.	좋습니다.

Habari yako(zako)?	어떠세요, 당신의 소식은? ('-ako' 2인칭 단수 소유대명사)
Salama tu.	평안할 뿐입니다.

Habari za	asubuhi?	어떠세요? (아침)
	mchana?	(점심, 오후)
	jioni?	(저녁)
	usiku?	(밤)
Njema.		좋습니다.

Habari za kazi?	일은 어떠세요?
Habari za nyumbani?	집(가족들)은 좀 어떠세요?
Habari za siku nyingi?	오랫동안 어땠나요?

asubuhi 아침

mchana 점심, 오후

jioni 저녁

usiku 밤

kazi 일

nyumbani 집에
(nyumba + -ni[장소격])

siku 날/일(日)

nyingi 많은
(-ingi의 n부류 호응)

2 그 밖의 유용한 인사 표현

Shikamoo. 안녕하시지요. (손아랫사람이 손윗사람에게)
Marahaba. 잘 지내고 있단다.

U hali gani? 어떠세요?
Safi. 좋습니다.

U mzima? 건강하시지요?
Mzima. 건강합니다.

hali 상태
safi 깨끗한
mzima 건강한, 다 자란 (-zima의 m/wa 부류 호응)

MATUMIZI

1 'habari'를 이용한 인사

Habari? 어떠세요?
Nzuri. 좋습니다.

Habari za asubuhi? 어떠세요? (아침인사)
Safi sana. 매우 좋습니다.

Habari za mchana? 어떠세요? (오후)
Siyo mbaya. 나쁘지 않습니다.

Habari za jioni? 어떠세요? (저녁)
Salama tu. 평안할 뿐입니다.

Habari za usiku? 어떠세요? (밤)
Njema. 좋습니다.

sana 매우
siyo 아니다
mbaya 나쁜 (-baya의 n부류 호응)

masomo 학업/공부

Habari za kazi? 일은 어떠세요?
Nzuri. 좋습니다.

Habari za masomo? 학업은 어떠세요?
Nzuri sana. 매우 좋습니다.

2 어디서 왔습니까?

Unatoka wapi? 당신은 어디서 왔습니까?
Ninatoka Korea. 나는 한국에서 왔습니다.

Mnatoka wapi? 당신들은 어디서 왔습니까?
Tunatoka Kenya. 우리들은 케냐에서 왔습니다.

Anatoka wapi? 그는 어디서 왔습니까?
Anatoka Marekani. 미국에서 왔습니다.

Wanatoka wapi? 그들은 어디서 왔습니까?
Wanatoka Uingereza. 그들은 영국에서 왔습니다.

MAZOEZI

1 다음 인사에 대한 알맞은 대답을 쓰세요.

1 Habari za asubuhi? ____________

2 Habari yako? ____________

3 Habari za siku nyingi? ____________

4 U hali gani? ____________

5 Shikamoo! ____________

6 Hodi? ____________

2 스와힐리어로 작문하세요.

1 일은 어떠세요? ____________

좋을 따름입니다. ____________

2 어떠세요? (저녁인사) ____________

평안합니다. ____________

3 집은(가족들은) 좀 어떠세요? ____________

좋습니다. ____________

4 당신은 어디서 왔습니까? ____________

나는 한국에서 왔습니다. ____________

Somo la

03

길 묻기

Nataka kwenda posta.

나는 우체국에 가고 싶습니다.

MAZUNGUMZO

지호는 우체국 가는 길을 경비원에게 묻는다.

경비원: Habari za asubuhi?
지호: Salama tu, na wewe je?
경비원: Safi sana.
지호: Nataka kwenda posta.
Unaweza kunionyesha njia?
경비원: Hakuna shida.
Nenda moja kwa moja, halafu pinda kulia.
Utaona posta, upande wa kushoto.
지호: Itachukua dakika ngapi?
경비원: Kama dakika ishirini.
지호: Asante! Kwa heri!
경비원: Kwa heri!

경비원: 어떠세요?
지호: 평안할 뿐입니다. 당신은 어떠세요?
경비원: 매우 좋습니다.
지호: 나는 우체국에 가고 싶습니다.
나에게 길을 안내해 주실 수 있습니까?
경비원: 문제없습니다.
곧바로 가시다가 오른쪽으로 도세요.
당신은 왼편에서 우체국을 발견할 것입니다.
지호: 몇 분 정도 걸리지요?
경비원: 약 20분 정도입니다.
지호: 감사합니다! 안녕히 계세요!
경비원: 안녕히 가세요!

MSAMIATI

wewe 너, 당신(독립인칭대명사)
je 의문형 표시
-taka 원하다
-enda 가다
posta 우체국
-weza ~를 할 수 있다
-onyesha 보여주다, 인도하다
njia 길
hakuna ~이 없다
shida 어려움, 고통
nenda -enda의 명령형
moja kwa moja 똑바로, 일직선으로
halafu 그리고, 그다음에
-pinda 돌다
kulia 오른쪽
upande 쪽, 면, 방향
kushoto 왼쪽
-chukua 운반하다, (시간이) 걸리다
dakika 분(minute)
ishirini 20

SARUFI

1 스와힐리어 문장형성 I

일반적인 스와힐리어 문장에서 동사는 여러 요소들과 연결되어 나타난다.

Mama ananileta chakula. 어머니께서 나에게 음식을 가져다주신다.

위의 문장에서 동사부 a-na-ni-leta는 주격전철(3인칭 단수), 현재시제, 목적격전철(1인칭 단수), 동사원형의 순으로 구성되어 있다.

Ninataka chai. 나는 차를 원한다.

위 문장의 동사부는 ni-na-taka로서 주격전철(1인칭 단수), 현재시제, 동사원형으로 구성되어 있다.

Unasoma kitabu gani? 당신은 어떤 책을 읽고 있습니까?

위 문장의 동사부는 u-na-soma로서 주격전철(2인칭 단수), 현재시제, 동사원형으로 구성되어 있다.

Watoto wanakula chakula. 아이들은 음식을 먹고 있다.

위 문장의 동사부는 wa-na-(ku)la로서 주격전철(3인칭 복수), 현재시제, 동사원형으로 구성되어 있다.

✎ '-la', '-ja'(오다) '-nywa'(마시다) 등 단음절 동사가 동사부를 구성할 때 발음상의 편의를 위해 동사원형 앞에 'ku'가 첨가되기도 한다. (직설법에서 시제가 사용될 경우)

✎ 예외적으로 '-enda', '-isha'(끝내다, 끝나다) 등의 이음절 동사 역시 동사부를 구성할 때 'ku'가 첨가되기도 한다. (직설법에서 시제가 사용될 경우)

-leta 가져오다
chakula 음식
chai 차
-soma 읽다/공부하다
kitabu 책
-la 먹다

※ m/wa 부류 주격전철

	단수	복수
1인칭	ni-	tu-
2인칭	u-	m-
3인칭	a-	wa-

2 명령형(imperative) I

스와힐리어의 명령형에서 한 사람에게만 명령하는 경우, 동사원형만 실현된다.

Fanya kazi! 일해라!
Kula chakula! 음식을 먹어라!
Funga mlango! 문을 닫아라!

-funga 닫다
mlango 문

✎ 단음절 동사의 경우 동사부를 구성할 때와 마찬가지로 'ku'가 첨가된다.

여러 사람에게 명령하는 경우, 동사 끝에 '-ni'가 첨가되는데, 이 때 동사의 마지막 음절 '-a'는 '-e'로 바뀐다.(다른 모음일 경우 바뀌지 않음)

Fungueni! 열어라!
Kuleni! 먹어라!
Chukueni mizigo 짐들을 운반해라!

-fungua 열다
mizigo 짐들
-ja 오다

몇몇 동사들은 예외적인 명령형이 있다.

Njoo hapa! 여기로 와라! (-ja의 명령형)
Nenda! 가라! (-enda의 명령형)
Lete! 가져와라! (-leta의 명령형)

이러한 예들은 직접명령의 형태로서 위압적인 의미를 지닌다. 실제 대화에서 'tafadhali', 'hebu' 등을 명령형 앞에 붙이면 보다 부드러운 표현이 된다.

Hebu sikia! 들어주세요!
Tafadhali kunywa! 마셔주세요!

-sikia 듣다
-nywa 마시다

MATUMIZI

1 길 묻기

Nataka kwenda posta. 나는 우체국에 가고 싶습니다.
Unaweza kunionyesha njia? 나에게 길을 안내해 줄 수 있습니까?
Nenda moja kwa moja. 곧바로 가십시오.
Utaona posta upande wa kulia. 당신은 오른편에서 우체국을 발견할 것입니다.

Posta iko wapi? 우체국이 어디 있습니까?
Iko karibu na Nyayo House. 냐요 하우스 근처에 있습니다.

Unajua njia kwenda posta? 당신은 우체국 가는 길을 알고 있습니까?
Ndiyo, fuata njia hii moja kwa moja. 그렇습니다. 이 길을 곧장 따라가세요.

-ko ~에 있다
karibu na ~근처에
-jua 알다
-fuata 따르다
hii 이(지시대명사)

2 헤어질 때 인사

Kwa heri! 안녕히 계세요!
Kwa heri! 안녕히 가세요!

Tutaonana! 우리 다시 만나요!

Kwa herini! 안녕히들 계세요! (여러 사람에게)

-onana 만나다

3 감사 표시

Asante! 감사합니다!

Asanteni! 감사합니다! (여러 사람에게)

Shukrani! 감사합니다!

Nashukuru! 감사합니다!

MAZOEZI

1 해석을 참고하여 빈칸에 알맞은 주격전철을 쓰세요.

1 .... nataka chai? 당신은 차를 원합니까?

2 .... nakwenda posta. 나는 우체국에 가고 있습니다.

3 .... najua njia kwenda posta. 그들은 우체국 가는 길을 알고 있습니다.

4 .... nakula chakula. 우리는 음식을 먹고 있습니다.

5 .... nasoma kitabu gani? 그는 무슨 책을 읽고 있습니까?

2 한국어로 해석하세요.

1 Nenda moja kwa moja, halafu pinda kushoto!

2 Unaweza kunionyesha njia?

3 Posta iko wapi?

4 Utaona posta upande wa kushoto.

3 스와힐리어로 작문하세요.

1 몇 분이나 걸리나요?

2 문 닫아라!

3 일해라!

4 여기로 와라!

5 가라!

6 짐들을 운반해라! (여러 사람에게)

7 우리 다시 만납시다!

Somo la 04 우체국에서

Nataka kupeleka barua hizi.

이 편지들을 보내고 싶습니다.

MAZUNGUMZO

미나는 편지를 보내기 위해 우체국에 갔다.

미나: (우체국 직원에게) Habari gani?
직원: Nzuri.
미나: Nataka kupeleka barua hizi.
직원: (한 창구를 가리키며) Usimame pale!
Utapata stampu pale.

미나: 어떠세요?
직원: 좋습니다.
미나: 나는 이 편지들을 보내고 싶습니다.
직원: 저쪽에서 서 있으세요!
그곳에서 당신은 우표를 구할 것입니다.

직원이 알려준 창구에서 기다리던 미나는 자기 차례가 되자 창구에 다가가 그곳 직원에게 말한다.

미나: Habari za mchana?
직원: Salama. Nikusaidie nini?
미나: Naomba stampu kwa barua hizi, kwenda Korea kwa ndege.
직원: Una barua ngapi?
미나: Nina barua tatu.
직원: (저울을 가리키며) Hebu weka barua zako moja moja hapa.
미나: Sawa.
직원: (각 편지의 무게를 확인 후)
Unahitaji stampu tatu za shilingi mia moja na hamsini.
미나: (500실링 짜리 지폐를 건네며) Jumla ni shilingi mia nne na hamsini.
직원: Haya, chukua chenji ya shilingi hamsini.
미나: Asante!

MSAMIATI

-peleka 보내다
barua 편지
hizi 이것들(n 부류 복수)
-simama 멈추다, 서다
pale 저기(장소격 지시대명사)
-pata 얻다
stampu 우표
-saidia 돕다
-omba 구하다, 기원하다, 요청하다
kwa ~를 위해, ~로 (도구격 전치사)
ndege 새, 비행기
-na ~를 가지고 있다.
ngapi 몇 개의(의문사)
tatu 3
hebu ~해주시겠어요 (공손명령을 만드는 단어)
moja moja 하나씩, 하나하나
hapa 여기(장소격 지시대명사)
sawa 좋습니다
-hitaji 필요하다
shilingi 실링(케냐, 탄자니아, 우간다의 화폐 단위)
mia 100
moja 1
hamsini 50
jumla 총계, 총합
nne 4
chenji 잔돈

미나: 어떠세요?

직원: 평안합니다. 제가 무엇을 도와드릴까요?

미나: 나는 한국에 항공편으로 갈 편지에 붙일 우표를 부탁합니다.

직원: 당신은 편지를 몇 통 가지고 계십니까?

미나: 나는 편지 세 통을 가지고 있습니다.

직원: 당신의 편지를 하나하나씩 여기 놓으세요.

미나: 알겠습니다.

직원: 당신은 150실링짜리 우표가 세 장 필요합니다.

미나: 합이 450실링이군요.

직원: 그렇습니다. 잔돈 50실링 가져가십시오.

미나: 감사합니다!

SARUFI

1 부정형(Infinitive)

스와힐리어에서 부정형은 동사원형 앞에 'ku-'가 붙음으로써 형성되며 동명사적인 의미를 지닌다.

Kuamka mapema ni kugumu. 일찍 일어나는 것은 어렵다.

Kufanya kazi kutafaa 일을 하는 것이 이로울 것이다.

Naweza **kupeleka** barua. 나는 편지를 보낼 수 있다.

Unataka **kwenda** wapi? 당신은 어디 가고 싶은 가요?

Anapenda **kucheza** ngoma. 그는 북치기를 좋아한다.

동사원형 앞에 'kuto-'가 붙은 부정형은 부정(否定)의 의미를 지닌다.

Kutokwenda shule ni kubaya. 학교에 가지 않는 것은 나쁘다.

Kutopata pesa kulimsumbua 돈을 받지 못함이 그를 화나게 했다.

-amka 일어나다
mapema 일찍
-gumu 어려운/힘든
-fanya 하다
-faa 이롭다/적합하다
-penda 좋아하다
-cheza ngoma 북치다/춤추다
shule 학교
-baya 나쁜
pesa 돈
-sumbua 화나게 하다

-pika 요리하다
-ngoja 기다리다
-safisha 청소하다
-jaribu 노력하다

2 명령형(Imperative) II

공손명령형의 경우는 주격전철(2인칭 단수 'u', 혹은 2인칭 복수 'm')이 동사 앞에 붙고 동사의 마지막 음절 '-a'를 '-e'로 바꾸는 가상법(subjunctive) 형태가 사용된다. 가상법은 다음에 자세히 다루기로 한다.

Upike!	요리하세요!
Ungoje!	기다리세요!
Uende!	가세요!
Msafishe!	여러분들 청소하세요!
Mjaribu!	여러분들 노력하세요!
Mle!	여러분들 드세요!

✎ 가상법의 형태인 공손명령의 경우, 'Mle!'의 예에서와 같이 단음절 동사에 발음상 편의를 위한 'ku'가 첨가되지 않는다.

✎ 명령형의 부정(否定)은 공손명령형에서 주격전철과 동사 사이에 '-si-'를 첨가함으로써 실현된다.

-piga 때리다

Usipige!	때리지 마세요!
Usiende!	가지 마세요!
Msifanye!	여러분들 하지 마세요!
Msile!	여러분들 먹지 마세요!

MATUMIZI

-nunua 사다
tikiti 표
wali 밥
soda 탄산음료
nyama 육류, 고기
ng'ombe 소

1 요청할 때

Nataka kwenda Kenya.	나는 케냐에 가고 싶습니다.
Nataka kunywa chai.	나는 차를 마시고 싶습니다.
Nataka kununua tikiti.	나는 표를 사고 싶습니다.
Nataka wali.	나는 밥을 원합니다.
Nataka soda.	나는 탄산음료를 원합니다.

Naomba stampu. 나는 우표를 부탁합니다.
Naomba nyama ya ng'ombe. 나는 쇠고기를 부탁합니다.
Naomba kitabu. 나는 책을 부탁합니다.
Naomba kupeleka barua. 나는 편지 보내는 것을 부탁합니다.

2 부정형을 이용한 표현

Kusoma kitabu hiki ni kugumu. 이 책을 읽는 것은 어렵습니다.
Kwenda safari kunafaa. 여행을 떠나는 것이 이로울 것이다.
Unapenda **ku**cheza mpira? 당신은 공놀이를 좋아합니까?
Tunataka **ku**la chakula. 우리는 음식 먹기를 원합니다.

hiki 이(ki 부류 지시대명사)
-faa 이롭다/적합하다
mpira 공

3 공손 명령

Hebu, funga mlango! 문을 닫아 주세요!
Hebu, pika wali! 밥을 해 주세요!
Tafadhali, njoo hapa! 여기로 와 주세요!
Tafadhali, fungua dirisha! 창문을 열어 주세요!
Uchome vizuri! 잘 구워 주세요!
Usafishe! 청소해 주세요!
Uchukue chenji! 잔돈을 가져가세요!
Uondoke mapema! 일찍 출발하세요!

dirisha 창문
-choma 굽다
vizuri 좋게/잘

4 명령형의 부정(否定)

Usije hapa! 여기로 오지 마세요!
Usisome kitabu hiki! 이 책을 읽지 마세요!
Usipeleke barua! 편지 보내지 마세요!
Msilale! 여러분들 주무시지 마세요!
Msitoke nje! 여러분들 밖으로 나가지 마세요!

-lala 잠자다
nje 밖

MAZOEZI

1 한국어 해석을 참고하여 밑줄 친 부분을 스와힐리어로 채우세요.

1 Nataka ____________ shule. 나는 학교에 가고 싶습니다.

2 ____________ Kiswahili kunafaa. 스와힐리어 공부는 이롭다.

3 ____________ kazi! 일하세요! (한 사람에게)

4 ____________ chakula! 여러분들 음식을 먹지 마시오!

2 한국어로 해석하세요.

1 Nataka kupeleka barua hizi.

____

2 Unahitaji stampu tatu za hamsini.

____

3 Kutokwenda shule ni kubaya.

____

4 Msafishe!

____

3 한국어 해석을 참고하여 주어진 동사의 명령형을 쓰세요.

1 ____________! (-la) 먹어라!

2 ____________! (-enda) 가라!

3 ____________! (-fungua) 여세요!

4 ____________! (-lala) 여러분들 주무시지 마세요!

5 ____________! (-fanya) 하지 마시오! (한 사람에게)

4 스와힐리어로 작문하세요.

1 당신은 편지 몇 통을 가지고 있습니까?

2 문 닫아라!

3 그는 음식 먹는 것을 좋아한다.

4 이 책을 읽지 마세요!

5 여러분들 차를 마시세요!

Somo la

05

표 사기

Pesa ngapi kwa tikiti mbili?

표 두 장에 얼마입니까?

MSAMIATI

lini 언제(의문사)

kesho 내일

mabasi 버스들(단수 basi)

mbili 2

saa 시계, 시간

tano 5

watu 사람들(단수 mtu)

pesa 돈

tikiti 표, 티켓

elfu 천(1,000)

tisa 9

MAZUNGUMZO

나이로비에 머물고 있는 지호와 미나는 몸바사로 여행을 가려고 한다.
지호는 내일 출발하는 버스를 예약하기 위해 버스정류장에 나왔다.

지호: Habari za mchana?

직원: Salama tu. Habari yako?

지호: Njema.
Nataka kwenda Mombasa.

직원: Utakwenda lini?

지호: Nitakwenda kesho.

직원: Kuna mabasi mawili kesho, saa mbili asubuhi na saa tano usiku.

지호: Nataka kwenda asubuhi.

직원: Watu wangapi?

지호: Watu wawili. Pesa ngapi kwa tikiti mbili?

직원: Shilingi elfu moja na mia tisa.

지호: 어떠세요? (오후인사)

직원: 평안할 따름입니다. 당신은 어떠세요?

지호: 좋습니다.
나는 몸바사에 가고 싶습니다.

직원: 언제 갈 것입니까?

지호: 내일 갈 것입니다.

직원: 내일 버스가 두 편 있는데, 아침 8시와 밤 11시입니다.

지호: 나는 아침에 가고 싶습니다.

직원: 몇 사람입니까?

지호: 두 사람입니다. 표 두 장에 얼마입니까?

직원: 1,900실링입니다.

지호는 돈을 건네고 표를 받는다.

직원: Lazima ufike hapa saa moja na nusu kesho asubuhi.
지호: Haya, asante.

직원: 당신은 반드시 내일 아침 7시30분까지 여기로 와야 합니다.
지호: 알겠습니다, 고맙습니다.

lazima ~해야만 한다
-fika 도착하다
hapa 여기(장소격 지시대명사)
nusu 절반, 30분

SARUFI

1 명사부류(Noun Classes)

모든 스와힐리어 명사는 의미에 따라 각기 특정한 부류에 속한다. 대개의 경우 명사 앞에 오는 부류접사(class prefix)를 통해 어떤 부류에 속하는 지가 표시되며, 명사와 관계가 있는 형용사, 수사, 소유대명사, 지시대명사 등도 명사부류에 따라 호응한다.

다음은 스와힐리어의 명사부류를 도표로 정리한 것이다.

명사부류	의미	수	형용사	수사	소유대명사	지시대명사
m/wa class	사람	단	mzuri	mmoja	wangu	yule
		복	wazuri	wawili	wangu	wale
m/mi class	식물, 신체부위, 자연물...	단	mzuri	mmoja	wangu	ule
		복	mizuri	miwili	yangu	ile
ji/ma class	열매, 사물, 직업...	단	zuri	moja	langu	lile
		복	mazuri	mawili	yangu	yale
ki/vi class	사물, 축약형, 언어...	단	kizuri	kimoja	changu	kile
		복	vizuri	viwili	vyangu	vile
n class	사물, 외래어...	단	nzuri	moja	yangu	ile
		복	nzuri	mbili	zangu	zile
u class	추상명사, 사물	단	mzuri	mmoja	wangu	ule
		복	nzuri	mbili	zangu	zile

ku class	동사의 부정형	단	kuzuri		kwangu	kule
ma class	장소	단	pazuri	pamoja	pangu	pale
			kuzuri		kwangu	kule
			muzuri		mwangu	mle

예를 들어 '한 명의 사람'이라는 의미를 표현할 때, 스와힐리어에서는 '사람'을 뜻하는 명사 'mtu'가 먼저 나오고 '하나, 1'을 뜻하는 수사 'moja'가 뒤에 나타나서 'mtu mmoja'가 된다. 'mtu'가 사람을 의미하는 m/wa 부류에 속하는 명사이기 때문에 이를 수식하는 수사 'moja' 앞에 m/wa 부류 단수의 호응접사 'm'이 붙게 되는 것이다. '한 권의 책'은 스와힐리어로 'kitabu kimoja'가 되는데, 이는 ki/vi 부류에 속하는 명사 'kitabu'를 꾸미는 수사 'moja' 앞에 ki/vi 부류 단수의 호응접사 'ki'가 첨가된 형태이다.

2 시간 표현

스와힐리어에서는 자정과 정오를 기준으로 매 시간을 계산하는 일반적인 방식을 사용하지 않고, 해가 뜨고 지는 시간을 기준으로 시간을 표현한다. 따라서 해가 뜰 무렵인 오전 7시는 스와힐리 시간으로는 'saa moja asubuhi' 즉 '아침 1시'인 것이다. 마찬가지로 해가 질 무렵인 저녁 7시는 'saa moja jioni' 즉 '저녁 1시'가 된다.

오전 8시	saa mbili asubuhi
정오(오후 12시)	saa sita mchana
오후 3시	saa tisa mchana
밤 10시	saa nne usiku

9시 30분	saa tatu na nusu
9시 15분	saa tatu na robo
9시 15분 전	saa tatu kasa robo
9시 5분	saa tatu na dakika tano

mbili 2
sita 6
nne 4
tatu 3
tano 5
tisa 9
nusu 반
robo 1/4
kasa ~보다 적은, 모자라는

MATUMIZI

1 가격 묻기

Pesa ngapi kwa tikiti? 표가 얼마입니까?
Shilingi hamsini. 50실링입니다.

Bei gani? 얼마입니까?
Shilingi mia tisa. 900실링입니다.

Nataka kununua matunda. 나는 과일을 사고 싶습니다.
Pesa ngapi kwa ndizi hii? 이 바나나는 얼마입니까?
Hii ni shilingi ishirini. 이것은 20실링입니다.

ndizi 바나나

2 몇 사람입니까?

Watu wangapi? 몇 사람입니까?
Watu wawili. 두 명입니다.

Una watoto wangapi? 당신은 몇 명의 아이들이 있습니까?
Nina watoto watatu. 나는 세 명의 아이들이 있습니다.

Kuna wanafunzi wangapi darasani? 몇 명의 학생들이 교실에 있습니까?
Wanafunzi kumi. 10명의 학생들입니다.

darasa 교실/학급
kumi 10

3 시간 표현

Utaondoka saa ngapi? 당신은 몇 시에 출발할 것입니까?
Nitaondoka saa tano. 나는 11시에 출발할 것입니다.

Ni saa ngapi? 몇 시입니까?
Saa kumi na moja kasa robo. 5시 15분 전입니다.

Atafika saa ngapi? 그가 몇 시에 도착할 것입니까?
Atafika saa nne asubuhi. 그는 오전 10시에 도착할 것입니다.

Watoto walala saa ngapi? 아이들은 몇 시에 잠자리에 듭니까?
Saa tatu na nusu usiku. 밤 9시 30분입니다.

MAZOEZI

1 한국어를 참고하여 밑줄 친 부분을 스와힐리어로 채우세요.

1 Utakwenda Mombasa __________? 당신은 언제 몸바사에 갈 것입니까?
2 Nina watoto __________. 나는 세 명의 아이들이 있습니다.
3 Pesa __________ kwa tikiti? 표는 얼마입니까?
4 Kuna mabasi __________ kesho. 버스 두 편이 내일 있습니다.

2 한국어로 해석하세요.

1 Utaondoka saa ngapi?

____

2 Kuna wanafunzi wangapi darasani?

____

3 Atafika saa nne asubuhi.

____

4 Lazima ufike hapa saa moja asubuhi.

____

③ 제시된 시간을 스와힐리어로 쓰세요.

1 오전 9시 ______________

2 오전 7시 30분 ______________

3 오후 2시 15분 ______________

4 오후 7시 45분 ______________

5 오후 10시 20분 ______________

④ 스와힐리어로 작문하세요.

1 나는 내일 아침에 갈 것입니다.

____

2 표 두 장에 얼마입니까?

____

3 몇 시입니까?

____

4 얼마입니까?

____

5 1600실링입니다.

____

6 나는 두 명의 아이들이 있습니다.

____

Somo la
06
여행하기

Tutakwenda saa mbili asubuhi.

우리는 아침 8시에 떠날 것입니다.

MSAMIATI

-nywa 마시다

kahawa 커피

yeye 그
(3인칭단수 독립인칭대명사)

chai 차

soda 탄산음료

stesheni 정류장

-nunua 사다

-ondoka 떠나다, 출발하다

labda 아마도

basi 그러면

-refu 긴

bora ~이 더 낫다

-ingi 많은

MAZUNGUMZO

지호와 미나는 주마를 카페에서 만났다. 이들은 몸바사 버스 여행에 대해 이야기를 나눈다.

주마: Mtakunywa nini?
지호: Nataka kahawa, (미나를 가리키며) na yeye anapenda chai.
주마: Nitakunywa soda.
(점원을 향해)
Baba, tuletee kahawa moja, chai moja na soda moja.
지호: Nilikwenda stesheni ya basi kununua tikiti ya basi kwenda Mombasa.
주마: Mtaondoka saa ngapi kesho?
미나: Tutakwenda saa mbili asubuhi.
Itachukua masaa mangapi?
주마: Labda itachukua masaa manane.
지호: Basi, tutafika Mombasa saa kumi mchana.
주마: Safari ndefu sana! Ni bora kwenda Mombasa kwa ndege.
지호: Tunapenda safari kwa basi, na hatuna pesa nyingi.

주마: 당신들은 무엇을 마실 것입니까?
지호: 저는 커피를 원하고, 그녀는 홍차를 좋아합니다.
주마: 나는 탄산음료를 마실 것입니다.
아저씨, 우리에게 커피 한 잔, 홍차 한 잔, 탄산음료 한 병 갖다 주세요.
지호: 나는 몸바사 가는 표를 사기 위해 버스정류장에 갔었습니다.
주마: 당신들은 내일 몇 시에 떠납니까?
미나: 우리는 아침 8시에 갈 것입니다.
몇 시간이나 걸리나요?
주마: 아마, 여덟 시간 정도 걸릴 것입니다.
지호: 그렇다면, 우리는 몸바사에 오후 4시쯤에 도착할 것이군요.
주마: 아주 긴 여행이지요! 비행기로 몸바사에 가는 것이 더 낫습니다.
지호: 우리는 버스 여행을 좋아하지요, 그리고 우리는 돈이 그리 많지 않습니다.

SARUFI

1 주격전철

스와힐리어 문장에서 동사부의 첫 부분을 구성하는 것은 주격전철이다.
각 명사부류의 긍정주격전철과 부정주격전철은 다음과 같다.

명사부류	수	긍정주격전철		부정주격전철
m/wa class	단	1인칭	ni	si
		2인칭	u	hu
		3인칭	a	ha
	복	1인칭	tu	hatu
		2인칭	m	ham
		3인칭	wa	hawa
m/mi class	단	u		hau
	복	i		hai
ji/ma class	단	li		hali
	복	ya		haya
ki/vi class	단	ki		haki
	복	vi		havi
n class	단	i		hai
	복	zi		hazi
u class	단	u		hau
	복	zi		hazi
ku class	단	ku		haku
ma class	단	pa		hapa
		ku		haku
		m		ham

이와 같이 주어가 되는 명사의 부류에 따라 주격전철이 결정된다. 예외적으로 사람이나 살아있는 동물을 뜻하는 명사는 그 명사가 어느 부류에 속하든지 m/wa 부류의 주격전철을 따른다.

mgonjwa 환자
mbwa 개
nguo 옷

Mama **a**nafika. 어머니께서 도착하신다.
Mgonjwa **a**likufa jana. 환자가 어제 죽었다.
Mbwa **a**likula. 개가 먹었다.
Nguo **i**nafaa. 옷이 맞다.
Nguo **zi**nafaa. 옷들이 맞다.
Basi **li**nakwenda. 버스가 간다.

Sijui. 나는 모른다.
Hamadi **ha**jui. 하마디는 모른다.
Hawafanyi kazi. 그들은 일하지 않는다.
Wanafunzi **hawa**somi. 학생들이 공부를 하지 않는다.
Hakuna kazi. 일이 없다.
Nguo **hazi**toshi. 옷들이 충분치 않다.

이밖에 사람을 지칭하는 대명사는 동사부에 연결되지 않고 독립적으로 사용되는 형태가 존재하는데, 이를 독립인칭대명사라 한다.

	단수	복수
1인칭	mimi	sisi
2인칭	wewe	ninyi
3인칭	yeye	wao

Mimi ni mwalimu. 나는 선생이다.
Wewe ni mwanafunzi. 너는 학생이다.
Yeye ni Mkorea. 그는 한국 사람이다.
Sisi ni wanafunzi. 우리는 학생들이다.
Ninyi ni wageni. 너희들은 손님들이다.
Wao ni watoto. 그들은 아이들이다.

2 m/wa 부류 명사

m/wa 부류의 명사는 사람을 의미한다. 단수형에서는 부류접사 'm'이 오고, 복수형에서는 'wa'가 부류접사로 실현된다. 예외적으로 mdudu(벌레)와 mnyama(동물)는 동물을 뜻함에도 불구하고 m/wa 부류에 속한다.

	단수	복수
선생님	mwalimu	walimu
학생	mwanafunzi	wanafunzi
손님	mgeni	wageni
인도사람	Mhindi	Wahindi
유럽인(백인)	Mzungu	Wazungu
농부	mkulima	wakulima
사람	mtu	watu
아이	mtoto	watoto
노인	mzee	wazee

Mtoto mkubwa anakwenda shule. 큰 아이가 학교에 간다.

Watu wengi walinunua matunda. 많은 사람들이 과일을 샀다.

Wageni wetu wawili wataondoka kesho. 우리 손님 두 사람이 내일 떠날 것이다.

Msichana huyu anakunywa soda. 이 소녀는 탄산음료를 마신다.

-kubwa 큰
-ingi 많은
matunda 과일들
-etu 우리의
msichana 소녀

※ m/wa 부류에 속하는 명사가 아니면서 사람을 의미하는 경우

n 부류	baba	아버지
	mama	어머니
	dada	누나, 언니, 여동생
	kaka	형, 오빠, 남동생
ki/vi 부류	kijana/vijana	청년
	kipofu/vipofu	장님
	kiziwi/viziwi	귀머거리

ji/ma 부류	bwana/mabwana	신사
	bibi/mabibi	숙녀
	dereva/madereva	운전사

Baba alinunua nguo sokoni. 아버지가 시장에서 옷을 샀다.

Vijana wakubwa watafika kesho. 큰 청년들이 내일 도착할 것이다.

Mabibi wazuri wawili wanakuja. 예쁜 숙녀 두 분이 오고 있다.

MATUMIZI

1 카페에서 주문하기

Unataka nini? 당신은 무엇을 원하십니까?

Nataka chai. 나는 홍차를 원합니다.

Mtakunywa nini? 당신들은 무엇을 마실 것입니까?

Tutakunywa kahawa. 우리들은 커피를 마실 것입니다.

Tunaomba chai moja na kahawa moja. 우리는 홍차 한 잔과 커피 한 잔을 원합니다.

Tuletee kahawa mbili na soda tatu. 우리에게 커피 두 잔과 탄산음료 세 병을 갖다 주세요.

Anataka maji na anaomba maziwa. 그는 물을 원하고, 그 우유를 원합니다.

maji 물

maziwa 우유

2 언제 떠나십니까?

Utaondoka lini? 당신은 언제 떠나십니까?

Nitaondoka kesho. 나는 내일 떠날 것입니다.

Mtaondoka saa ngapi? 당신들은 몇 시에 떠나십니까?
Tutaondoka saa sita usiku. 우리는 밤 12시에 떠날 것입니다.

Atakwenda lini? 그는 언제 갈 것입니까?
Labda atakwenda kesho kutwa. 아마 그는 모레 갈 것입니다.

kesho kutwa 모레

3 시간이 얼마나 걸리나요?

Itachukua masaa mangapi? 몇 시간이나 걸리나요?
Itachukua masaa manne. 네 시간이 걸립니다.

Itachukua dakika ngapi? 몇 분이나 걸리나요?
Itachukua dakika kumi. 십 분 정도 걸립니다.

Itachukua siku ngapi? 며칠이나 걸리나요?
Itachukua siku nane. 팔 일 정도 걸립니다.

MAZOEZI

1 해석을 참고하여 빈칸에 알맞은 주격전철을 넣으세요.

1 Watoto ....napenda kucheza mpira. 아이들은 공놀이를 좋아한다.
2 Miti ....lianguka jana usiku. 나무들이 어젯밤에 쓰러졌다.
3 Mimi ....nataka chai. 나는 홍차를 원합니다.
4 Basi ....nakwenda. 버스가 간다.
5 Nguo ....nafaa. 옷들이 맞습니다.

2 제시된 명사를 고려하여 괄호 안 수식어의 알맞은 형태를 쓰세요.

1 Mwalimu ______________ (-zuri)

2 Wanafunzi ______________ (-baya)

3 Mgeni ______________ (-etu)

4 Wakulima ______________ (-ingi)

5 Mtu ______________ (-moja)

3 한국어로 해석하세요.

1 Ni bora kwenda Mombasa kwa ndege.

____

2 Nilikwenda stesheni ya basi kununua tikiti.

____

3 Labda atakwenda kesho kutwa.

____

4 Mgonjwa alikufa jana.

____

5 Msichana huyu ni mzuri sana.

____

4 스와힐리어로 작문하세요.

1 그는 차를 마시기 원한다. ______________

2 우리에게 커피 두 잔 가져다주세요. ______________

3 한 사람이 비행기로 몸바사에 갈 것이다. ______________

4 큰 아이들 둘이 학교에 가고 있다. ______________

5 우리는 돈이 그다지 많지 않다. ______________

6 몇 시간이나 걸리나요? ______________

Somo la

07 Kuna nafasi?

숙소 예약하기

빈 방 있나요?

MAZUNGUMZO

지호는 숙소 예약을 위해 몸바사의 한 호텔에 전화를 걸고 있다.

직원: Hapa ni Mombasa Holiday Inn.
Nikusaidie nini?
지호: Nataka kuwekesha chumba. Kuna nafasi?
직원: Hakuna shida. Tuna nafasi.
Utafika Mombasa lini?
지호: Tutafika kesho, tarehe 21(ishirini na moja).
직원: Jina lako ni nani?
지호: Jina langu ni Park Jiho.
직원: Watu wangapi watakuja hapa?
지호: Mimi na mke wangu tu.
직원: Unataka chumba cha namna gani?
지호: Nataka chumba chenye vitanda viwili.
직원: Utakuwa hapa mpaka lini?
지호: Tutakuwa mpaka tarehe 30(thelathini).
직원: Sawa. Nimekwisha kuweka chumba chako.
Tutaonana kesho.
지호: Asante!

직원: 여기는 몸바사 홀리데이인 호텔입니다.
제가 무엇을 도와드릴까요?
지호: 나는 객실을 예약하고 싶습니다. 빈 방 있나요?
직원: 문제없습니다. 우리는 빈 방이 있습니다.
당신은 언제 몸바사에 도착할 것입니까?
지호: 우리는 내일, 즉 21일에 도착할 거예요.
직원: 당신의 성함이 어떻게 되십니까?
지호: 내 이름은 박지호입니다.
직원: 몇 분이나 여기로 오시지요?

MSAMIATI

-wekesha 놓아두게 하다, 예약하다

chumba 방, 객실

nafasi 여유 공간, 기회, 빈 방, 빈 좌석 등

shida 문제, 어려움

tarehe 날짜, 일(日)

jina 이름

mke 부인, 아내 (mwanamke의 준말)

namna 종류

-enye ~을 가진

vitanda 침대들 (단수형 kitanda)

mpaka ~까지, 국경, 경계

thelathini 30

-isha 끝내다

지호: 나와 내 아내뿐입니다.
직원: 당신은 어떤 종류의 객실을 원하십니까?
지호: 나는 침대 두 개짜리 방을 원합니다.
직원: 당신은 언제까지 여기 계실 것입니까?
지호: 우리는 30일까지 있을 것입니다.
직원: 좋습니다. 나는 당신의 방 예약을 마쳤습니다.
우리 내일 만납시다.
지호: 고맙습니다!

SARUFI

1 현재 한정시제(Present Definite Tense) {na}

스와힐리어에서 현재 벌어지고 있는 사건을 나타내는 시제가 현재 한정시제 {na}이다. 시제는 동사부를 구성함에 있어 주격전철과 동사원형 사이에 위치한다.

ni + na + fanya = Ninafanya. 나는 하고 있다.
(ni: 주격전철, na: 현재 한정시제, fanya: 동사원형)

단음절 동사의 경우 동사부를 구성함에 있어 동사원형 앞에 부정형 전철 {ku}가 추가된다.

ni + na + ku + ja = Ninakuja. 나는 오고 있다.
a + na + ku + nywa = Anakunywa. 그는 마시고 있다.

-enda와 -isha의 경우 2음절 동사임에도 동사부를 구성할 때 {ku}가 추가된다.

u + na + ku + enda = Unakwenda. 당신은 가고 있다.

Mama anapika. 어머니께서는 요리하신다.
Rafiki wanakuja leo. 친구들이 오늘 오고 있다. (올 것이다)
Watoto wanacheza mpira. 아이들이 공놀이를 하고 있다.
Unapenda mpira ya miguu? 당신은 축구를 좋아하십니까?

2 현재 시제의 부정

현재 시제의 부정의 경우 시제가 나타나지 않고 부정주격전철 다음에 바로 동사원형이 나타나서 동사부를 구성한다. 이때 동사원형의 마지막 음절이 '-a'로 끝나면 '-i'로 바뀐다.

si + fanyi = Sifanyi. 나는 하지 않고 있다.

현재 시제의 부정이 실현될때 단음절 동사의 경우에도 부정형 전철 {ku}를 동반하지 않는다.

si + ji = Siji. 나는 오지 않는다.
hu + nywi = Hunywi. 당신은 마시지 않고 있다.
ha + endi = Haendi. 그는 가지 않는다.

Hawaji leo. 그들은 오늘 오지 않고 있다. (오지 않을 것이다)
Hatufanyi kazi. 우리들은 일을 하고 있지 않다.
Sijui. 나는 알지 못한다.
Hamsikii baridi? 너희들은 추위가 느껴지지 않니?

baridi 추위

MATUMIZI

1 객실 예약하기

Nataka kuwekesha chumba. 나는 객실을 예약하고 싶습니다.
Unataka vyumba vingapi? 당신은 몇 개의 객실을 원하십니까?
Sisi sote ni watu wanane, tunahitaji vyumba vinne.
우리 모두가 여덟 명이니, 우리는 객실 네 개가 필요합니다.
Tunaomba vyumba vitatu. Kuna nafasi?
우리는 객실 세 개를 요청합니다. 빈 방 있습니까?
Mtafika hapa tarehe gani? 당신들은 여기 며칠에 도착할 예정입니까?

-ote 모두

pale 그곳
matata 문제/어려움

Tutafika pale tarehe 12(kumi na mbili). 우리는 그곳에 12일에 도착할 예정입니다.

Sawa, hakuna matata. 좋습니다, 문제없습니다.

2 어떤 종류의 객실을 원하십니까?

Unataka chumba cha namna gani? 당신은 어떤 종류의 객실을 원하십니까?

Nataka chumba chenye kitanda kikubwa. 나는 큰 침대가 있는 객실을 원합니다.

Mnataka chumba cha namna gani? 당신들은 어떤 종류의 객실을 원하십니까?

Chumba chenye bafu na choo ni ghali zaidi. 욕실과 화장실이 있는 객실은 더 비쌉니다.

Hatuhitaji chumba chenye bafu na choo. 우리는 욕실과 화장실이 있는 객실이 필요 없습니다.

bafu 욕실
choo 화장실
ghali 비싸다
zaidi 더욱/~보다 더

3 이름이 무엇입니까?

Jina lako ni nani? 당신의 이름은 무엇입니까?
Jina langu ni Hansu. 내 이름은 한수입니다.

Unaitwa nani? 당신은 무엇이라 불립니까(이름이 무엇입니까)?
Naitwa Miji. 나는 미지라고 불립니다.

Jina lake ni nani? 그의 이름은 무엇입니까?
Jina lake ni Daudi. 그의 이름은 다우디입니다.

Mnaitwa nani? 여러분들 이름은 무엇입니까?
Jina langu ni Jeong na jina lake ni Suji. 내 이름은 정이고 그의 이름은 수지입니다.

Unaitwaje? 당신의 이름은 무엇입니까?
Ninaitwa Jiwon. 나는 지원이라고 불립니다.

4 언제까지 머무르실 예정입니까?

Utakuwa hapa mpaka lini? 당신은 여기 언제까지 머무르실 예정입니까?
Nitakuwa mpaka kesho. 나는 내일까지 있을 예정입니다.

Utakuwa nyumbani mpaka tarehe gani? 당신은 집에 며칠까지 머무를 예정입니까?
Nitakuwa mpaka tarehe 30(thelathini). 나는 30일까지 있을 예정입니다.

Mtakuwa hoteli yetu mpaka saa ngapi? 당신들은 우리 호텔에 몇 시까지 머무를 예정입니까?
Tutakuwa mpaka saa sita mchana. 우리는 정오까지 머물 것입니다.

MAZOEZI

1 주어진 동사기본형과 해석을 참고하여 동사부를 완성하세요.

1 Wanafunzi ________ shule. 학생들이 학교로 가고 있다. (-enda)
2 Mwalimu ________. 선생님이 오고 있다. (-ja)
3 Mimi ________ chai. 나는 차를 마시고 있다. (-nywa)
4 Wao ________ ngoma. 그들은 북을 치고 있다. (-cheza)

2 제시된 문장의 부정문을 쓰세요.

1 Mama anapika. ________
2 Watoto wanacheza mpira. ________
3 Nguo inafaa. ________
4 Ninajua. ________

3 한국어로 해석하세요.

1 Hatuhitaji chumba chenye bafu na choo.

2 Mtakuwa hoteli yetu mpaka saa ngapi?

3 Rafiki wanakuja leo.

4 Nimekwisha kuweka chumba chako. Tutaonana kesho.

4 스와힐리어로 작문하세요.

1 당신의 이름은 무엇입니까?

2 나는 내일까지 있을 예정입니다.

3 우리는 객실 세 개를 요청합니다. 빈 방 있습니까?

4 당신은 축구를 좋아하십니까?

5 몇 분이나 여기로 오시지요?

6 당신은 언제 몸바사에 도착할 것입니까?

Somo la

08

호텔에서

Chumba changu kiko wapi?

내 방은 어디 있나요?

MAZUNGUMZO

지호와 미나는 몸바사에 도착해서 미리 예약해 놓은 호텔로 갔다.

직원: Habari za safari?

지호: Njema. Nilipiga simu jana, kuwekesha chumba.

직원: Jina lako ni nani?

지호: Jina langu ni Park Jiho.

직원: Hebu, subiri kidogo.

(컴퓨터로 예약상황을 조회하고) Bwana Park, chumba chako ni nambari 612(mia sita kumi na mbili).

지호: Sawa. Chumba changu kiko wapi?

직원: Mchukuzi atakuonyesha chumba chako.

(옆에 있는 포터에게)

Chukua mizigo yake, na mwonyeshe chumba chake.

지호: Nisaidie kuchukua mizigo yangu.

(포터에게 짐을 맡기면서) Tafadhali twende.

포터: Haya!

직원: 여행은 어떠했습니까?

지호: 좋았습니다. 내가 어제 객실을 예약하기 위해 전화를 했었습니다.

직원: 당신의 이름은 무엇입니까?

지호: 내 이름은 박지호입니다.

직원: 잠시만 기다려 주십시오.

박 선생님, 당신의 객실은 612호실입니다.

지호: 좋습니다. 내 방이 어디 있지요?

직원: 포터가 당신의 객실을 안내해드릴 것입니다.

그분의 짐들을 운반하고, 그분을 객실로 안내해드리게.

지호: 저의 짐 운반하는 것을 도와주세요. 가시지요.

포터: 좋습니다!

MSAMIATI

-piga 때리다

simu 전화

-piga simu 전화 걸다

-subiri 기다리다

kidogo 작게, 조금만

nambari 숫자, 번호

-ko ~에 있다(불특정한 장소)

mchukuzi 포터, 짐꾼

SARUFI

m/mi 부류

m/mi 부류에는 식물, 신체부위, 자연, 사물 등 다양한 영역의 명사가 속해 있다.

		단수	복수
나무, 식물	나무	mti	miti
	바오밥나무	mbuyu	mibuyu
	오렌지나무	mchungwa	michungwa
	쌀	mchele	michele
	바나나 나무	mgomba	migomba
신체부위	입, 입술	mdomo	midomo
	다리, 발	mguu	miguu
	손, 팔	mkono	mikono
	심장, 마음	moyo	mioyo
자연	달	mwezi	miezi
	산	mlima	milima
	연기, 불	moto	mioto
	강	mto	mito
	숲	msitu	misitu
사물	문	mlango	milango
	공	mpira	mipira
	가방	mfuko	mifuko
	짐	mzigo	mizigo
	빵	mkate	mikate
	사원	msikiti	misikiti

✎ 명사의 어근이 a, e, i 등으로 시작하는 경우 단수형에서 부류접사가 mw-가 된다.

해, 년 **mw**aka (단) **mi**aka (복)

망고나무 **mw**embe **mi**embe

몸	**mw**ili	**mi**ili
끝	**mw**isho	**mi**isho

✎ 예외적으로 단수형 부류접사가 mu-로 나타나기도 한다.

옥수수(식물)	**mu**hindi (단)	**mi**hindi (복)
카사바(식물)	**mu**hogo	**mi**hogo
사탕수수	**mu**wa	**mi**wa

Mwaka **m**pya **u**naanza vizuri. 새해가 좋게 시작되었다.

Mikate **i**nanukia vizuri. 빵들이 좋은 냄새를 풍긴다.

Mkono **u**nauma sana. 팔이 매우 아프다.

Anachukua **mi**zigo **mi**zito **mi**wili. 그는 무거운 짐 두 개를 운반한다.

Migomba **i**le **i**lianguka jana. 어제 저 바나나 나무들이 쓰러졌다.

-anza 시작하다
-nukia 냄새 나다
-uma 아프다
-anguka 쓰러지다

MATUMIZI

1 전화 걸다

Nilipiga simu jana. 내가 어제 전화를 걸었다.
Sikuweza kupata simu yako. 나는 당신의 전화를 받지 못했습니다.

Nitakupigia simu kesho. 내가 너에게 내일 전화 걸 예정입니다.
Sawa tu. Kwa heri! 좋을 따름입니다. 안녕히 가세요!

Anapiga simu, kuwekesha chumba. 그가 객실을 예약하기 위해 전화 걸고 있습니다.

Utanipigia simu? 당신은 나에게 전화할 것입니까?
Ndiyo, nitakupigia simu wiki ijayo. 그렇습니다, 내가 다음 주 당신에게 전화할 것입니다.

2 기다리세요!

Ngoja! 기다려라!
Hebu, subiri kidogo! 조금만 기다려 주십시오.

Ningoje! 나를 기다려 주세요!
Mngoje! 그를 기다려 주세요!

Unaweza kuningojea? 당신은 나를 기다려 줄 수 있습니까?
Ndiyo, lakini fanya haraka. 그렇습니다만, 빨리 해 주세요.

3 어디 있지요?

Uko wapi? 당신은 어디 있습니까?
Niko nyumbani. 나는 집에 있습니다.

Nyumba yako iko wapi? 당신의 집은 어디 있습니까?
Nyumba yangu iko Nairobi. 나의 집은 나이로비에 있습니다.

Shule yake iko wapi? 그의 학교는 어디 있습니까?
Shule yake iko Mombasa. 그의 학교는 몸바사에 있습니다.

Mwalimu yuko wapi? 선생님은 어디 계시냐?
Sijui. 저는 모르겠습니다.

4 도와드리겠습니다.

Nisaidie. 제가 도와드리겠습니다.
Asante sana. 정말 감사합니다.

Atakusaidia. 그가 당신을 도와드릴 것입니다.

Watakusaidia. 그들이 당신을 도와드릴 것입니다.

MAZOEZI

1 제시된 명사를 고려하여 괄호 안 수식어의 알맞은 형태를 쓰세요.

1 mti .... (-kubwa)

2 miti .... (-ingi)

3 mikono .... (-ingine)

4 mgomba .... (-moja)

5 mifuko .... (-dogo)

6 mwaka .... (-pya)

2 해석을 참고하여 빈칸에 알맞은 주격전철를 넣으세요.

1 Miti ......meanguka. 나무들이 쓰러졌다.

2 mkono ......mevunjika. 손이 부러졌다.

3 Mwezi wa sita ......naanza. 6월이 시작되었다.

4 Mikate ......nanukia vizuri. 빵들이 좋은 냄새를 풍긴다.

3 한국어로 해석하세요.

1 Sikuweza kupata simu yako.

....

2 Mchukuzi atakuonyesha chumba chako.

....

3 Mwalimu yuko wapi?

4 Nitakupigia simu wiki ijayo.

5 Anachukua mizigo mizito miwili.

4 스와힐리어로 작문하세요.

1 당신은 나를 기다려 줄 수 있습니까?

2 나는 집에 있습니다.

3 내가 어제 객실을 예약하기 위해 전화를 했었습니다.

4 제가 짐 나르는 것을 도와드리겠습니다.

5 팔이 매우 아픕니다.

Somo la

09

호텔에서 2

Hapa ni chumba chenu.

여기가 여러분들 객실입니다.

MAZUNGUMZO

포터의 안내로 객실에 도착한 지호와 미나는 포터로부터 객실에 대한 설명을 듣는다.

포터: Hapa ni chumba chenu. Karibuni!
(각각의 스위치를 가리키며)
Swichi hii yawasha taa ya chumba, swichi hii yawasha taa ya maliwato.
미나: Maliwato iko wapi?
포터: (화장실 문을 열며) Ina bafu na choo.
Kila kitu safi.
지호: Tunaweza kupata maji moto ya kuoga?
포터: Ndiyo. Kuna taulo kubwa mbili ndani ya maliwato.
Kama ukihitaji zaidi niambie.
미나: Zinatosha.
포터: Kuna vitanda viwili hapa. Hamtasikia baridi, siyo?
Naweza kuwaletea mablanketi zaidi.
지호: Hatutahitaji mablanketi mengine. Siku zote nasikia joto tu!
포터: Ndiyo. Basi, kila kitu kiko tayari, mpumzike tu.
지호, 미나: Asante!

포터: 여기가 당신들의 객실입니다. 환영합니다!
이 스위치는 객실 등을 켜고, 이 스위치는 화장실 등을 켭니다.
미나: 화장실은 어디 있나요?
포터: 이곳에 욕조와 변기가 있습니다.
모든 것이 깨끗합니다.
지호: 뜨거운 목욕물이 나옵니까? (우리가 뜨거운 목욕물을 얻을 수 있나요?)
포터: 그렇습니다. 화장실 안에 큰 타월이 두 개 있습니다.
만약 더 필요하시면 제게 말씀하세요.
미나: 충분합니다.
포터: 여기 침대가 두 개 있습니다. 당신들은 추위를 느끼시지는 않겠지요, 그렇지요?
제가 담요를 더 갖다드릴 수 있습니다.

MSAMIATI

-enu 너희들의, 당신들의 (소유대명사)
-washa (불을) 지피다, (등을) 켜다
taa 등
maliwato 화장실
bafu 욕조, 욕실
choo 변기, 화장실
moto 뜨거운
-oga 목욕하다, 샤워하다
taulo 타월
ndani 안쪽, 내부
-ambia 말하다
-tosha 충분하다
-sikia 듣다, 느끼다
baridi 추위
mablanketi 담요들 (단수 blanketi)
-ingine 다른
joto 더위
kila 각각의
kitu 물건
tayari 준비된
-pumzika 쉬다

지호: 우리는 여분의 담요가 필요하지 않습니다. 항상 더위만을 느낄 뿐인걸요!

포터: 알겠습니다. 그렇다면 모든 것이 준비되어 있습니다. 푹 쉬시기만 하십시오.

지호, 미나: 감사합니다!

SARUFI

현재 미한정 시제(Present Indefinite Tense) {a}

현재 미한정 시제 {a}는 습관적 행위나 과학적 진리와 같이 어느 특정한 시점과 관계없는 행위를 나타내기 위해서 쓰인다.

ni + a + soma = Nasoma. 나는 공부한다.

단음절 동사의 경우 현재 한정시제에서처럼 {ku}가 추가되지 않는다.

a + a + ja = Aja. 그는 온다.

현재 미한정시제의 부정은 현재 한정시제의 부정과 같은 형태를 취한다.

si + somi = Sisomi. 나는 공부하지 않는다.

Kifaransa 프랑스어

-ogopa 무서워하다

Wafanya kazi gani?	너는 무슨 일을 하느냐?
Nafundisha Kifaransa.	나는 프랑스어를 가르친다.
Mama apika kila siku.	어머니는 매일 요리를 하신다.
Watu walala usiku.	사람들은 밤에 잔다.
Ng’ombe wala majani.	소는 잎을 먹는다.
Wanyama waogopa moto.	동물들은 불을 무서워한다.
Kipofu haoni kitu.	장님들은 보지 못한다.
Sijui kiswahili.	나는 스와힐리어를 모른다.

MATUMIZI

1 여기는 ~입니다.

Hapa ni nyumba yangu. 여기가 나의 집입니다.

Hapa ni shule yangu. 여기가 나의 학교입니다.

Hapa ni wapi? 여기가 어디입니까?
Hapa ni Kisumu. 여기는 키수무입니다.

2 ~을 얻을 수 있을까요?

Tunaweza kupata taulo nyingine? 우리가 다른 타월을 얻을 수 있을까요?
Ndiyo, nitakupeleka mara moja. 그렇습니다, 내가 당신에게 바로 보내 드리겠습니다.

Naweza kupata maji ya kunywa? 내가 마실 물 좀 얻을 수 있을까요?
Ndiyo, nitakuletea. 그렇습니다, 제가 당신께 갖다드리지요.

Naweza kupata wali zaidi? 내가 밥을 좀 더 얻을 수 있을까요?
Ndiyo, hebu lete sahani yako. 그렇습니다, 당신의 접시를 가지고 오세요.

3 ~이 필요합니다.

Nahitaji mablanketi zaidi. 나는 담요가 더 필요합니다.
Hakuna shida, nitakuletea. 문제없습니다, 제가 당신께 갖다 드리지요.

Tunahitaji kijiko kimoja zaidi. 우리는 숟가락 하나가 더 필요합니다.
Nitawaletea. 제가 당신들께 갖다 드리지요.

4 준비되었습니다.

Kila kitu kiko tayari. 모든 것이 준비되었습니다.
Asante sana. 매우 고맙습니다.

Chakula chenu kiko tayari. 당신들의 음식이 준비되었습니다.

Uko tayari? 당신 준비되었나요?
Niko tayari. 나는 준비되었습니다.

MAZOEZI

1 주어진 동사기본형과 해석을 참고하여 동사부를 완성하세요.

1 .... kazi gani? 당신은 무슨 일을 하십니까? (-fanya)

2 Wanyama .... moto. 동물들은 불을 무서워한다. (-ogopa)

3 Mimi .... chai kila siku. 나는 매일 차를 마신다. (-nywa)

4 .... Kiswahili. 당신은 스와힐리어를 공부한다. (-soma)

2 제시된 문장의 부정문을 쓰세요.

1 Mtu alala usiku.

....

2 Watoto wapenda mchezo wa mpira.

....

3 Wajua Kiswahili.

....

4 Ng'ombe wala majani.

....

3 한국어로 해석하세요.

1 Swichi hii yawasha taa ya chumba.

2 Tunahitaji vijiko viwili zaidi.

3 Tunaweza kupata maji moto ya kuoga?

4 Hamtasikia baridi, siyo?

5 Ng'ombe waogopa simba.

4 스와힐리어로 작문하세요.

1 내가 마실 물 좀 얻을 수 있을까요?

2 장님은 보지 못한다.

3 여기가 당신들의 객실입니다.

4 항상 더위만 느낄 뿐입니다.

5 모든 것이 준비되었다

Somo la 10 시장에서

Machungwa haya bei gani leo?

이 오렌지들 오늘 얼마인가요?

MAZUNGUMZO

몸바사에 머물고 있는 지호와 미나는 과일을 사러 시장에 갔다.

지호: Unahitaji matunda gani leo?
미나: Nahitaji machungwa na mapapai.
Nitatengeneza saladi ya matunda.
지호: (과일 가게를 가리키며) Haya, duka la matunda lipo pale.
상인: Karibuni! Kuna matunda mabichi mengi.
미나: Machungwa haya bei gani leo?
상인: (각각의 오렌지 무더기를 가리키며) Madogo haya shilingi ishirini ishirini, makubwa haya thelathini.
미나: Bei ghali sana! Nipunguzie bei kidogo, nahitaji mengi.
상인: Unataka mangapi?
미나: Naomba ishirini.
상인: Basi, chukua madogo haya kwa shilingi kumi na tano.
미나: Vizuri. (파파야를 가리키며) Je, pesa ngapi kwa papai hili?
상인: Papai hili ni shilingi arobaini.
미나: Kwa nini ghali hivi?
상인: Siyo ghali, ndiyo bei yake, lakini nitakufanyia shiling thelathini na tano.
미나: Haya, asante.
상인: Ununue matunda mengine! Haya ni maembe mazuri!
미나: Sihitaji mengine. Haya yanatosha. Kwa heri.
상인: Kwa herini.

지호: 당신 오늘 어떤 과일들이 필요해요?
미나: 나는 오렌지와 파파야가 필요해요.
나는 과일샐러드를 만들 거예요.
지호: 좋아, 과일 가게가 저기 있네요.
상인: 어서오십시오! 싱싱한 과일들이 많이 있습니다.

MSAMIATI

matunda 과일들 (단수 tunda)

machungwa 오렌지들 (단수 chungwa)

mapapai 파파야 (단수 papai)

-tengeneza 만들다, 제조하다, 요리하다

saladi 샐러드

duka 가게

-bichi 덜 익은, 싱싱한

bei 가격

ghali 비싼

-punguza 줄이다, 감소시키다

-omba 원하다, 요청하다

arobaini 40

-fanyia ~에게 해주다 (-fanya의 지향형)

-nunua 사다

미나: 이 오렌지들 오늘 얼마인가요?

상인: 이 작은 것들은 하나에 20실링씩이고, 이 큰 것들은 30실링씩입니다.

미나: 가격이 너무 비쌉니다! 값을 조금 깎아주세요. 나는 많이 살 것입니다.

상인: 당신은 몇 개를 원하십니까?

미나: 20개를 부탁합니다.

상인: 그렇다면 이 작은 것들을 하나에 15실링씩 가져가세요.

미나: 좋습니다. 이 파파야는 얼마입니까?

상인: 이 파파야는 40실링입니다.

미나: 왜 이렇게 비싼 것입니까?

상인: 비싸지 않습니다, 제 가격인걸요. 하지만 내가 당신께 35실링에 해드리지요.

미나: 좋습니다, 고맙습니다.

상인: 다른 과일도 사세요! 이거 좋은 망고입니다!

미나: 나는 다른 것들은 필요하지 않습니다. 이것들로 충분합니다.

상인: 안녕히들 가세요.

SARUFI

ji/ma 부류

직업명, 신체부분, 과일명, 액체, 친족명칭 등등 다양한 종류의 명사가 ji/ma 부류에 속한다. 이 명사부류에 속하는 명사들 대부분이 단수형에서 부류접사 'ji-'가 붙지 않으며, 복수형만 존재하는 명사도 많이 있다.

(1) 단수형에서 부류접사 'ji-'를 취하는 명사

	단수	복수
눈	jicho	macho
일	jambo	mambo
화덕, 부엌	jiko	meko
돌	jiwe	mawe
이	jino	meno

(2) 복수형만 존재하는 명사

재	majivu
기름	mafuta
물	maji
우유	maziwa

(3) 제조된 사물

	단수	복수
담요	blanketi	mablanketi
창문	dirisha	madirisha
자동차	gari	magari
신문	gazeti	magazeti
매트리스	godoro	magodoro
상자	sanduku	masanduku

(4) 과일

	단수	복수
오렌지	chungwa	machungwa
망고	embe	maembe
파인애플	nanasi	mananasi
파파야	papai	mapapai
과일	tunda	matunda

(5) 건축물 또는 장소

	단수	복수
베란다	baraza	mabaraza
다리	daraja	madaraja
상점	duka	maduka
관목숲	pori	mapori
농장	shamba	mashamba
시장	soko	masoko

(6) 직업명 또는 친족명

	단수	복수
기술자	fundi	mafundi
서기, 점원	karani	makarani
대통령	rais	marais
목수	seremala	maseremala
고모	shangazi	mashangazi
장관	waziri	mawaziri

(7) 신체부위

	단수	복수
어깨	bega	mabega
무릎	goti	magoti
귀	sikio	masikio
배, 위	tumbo	matumbo

(8) 추상적 개념

	단수	복수
실수	kosa	makosa
충고	shauri	mashauri
공부, 과목	somo	masomo
생각	wazo	mawazo
대화	zungumzo	mazungumzo

(9) 원래 다른 부류에 속해있던 명사가 ji/ma 부류의 명사로 변한 경우, 더 큰 것을 의미한다.

	단수	복수
mtu 사람 → 거인	jitu	majitu
nyoka 뱀 → 큰 뱀	joka	majoka
nyumba 집 → 빌딩	jumba	majumba

ji/ma 부류 명사 중 사람을 의미하는 명사는 m/wa 부류 명사와 같은 호응을 취한다.

Karani **m**zuri	좋은 점원
Makarani **wa**zuri	좋은 점원들
Yule bwana **m**kubwa	저 큰 신사
Wale mabwana **wa**kubwa	저 큰 신사들

Nenda dukani ununue maziwa!
가게에 가서 우유를 사오세요!

Watoto wapenda kula maembe mabichi.
아이들은 덜 익은 망고 먹는 것을 좋아한다.

Maseremala wanafanya kazi barazani.
목수들이 베란다에서 일하고 있다.

Leo sokoni, machungwa ni ghali kuliko maembe.
오늘 시장에서 오렌지가 망고보다 비싸다.

Ninahitaji blanketi safi na godoro jipya.
나는 깨끗한 담요와 새 매트리스를 원한다.

MATUMIZI

1 ~이 저기 있습니다.

Duka la matunda lipo pale.	과일 가게가 저기 있습니다.
Twende kununua matunda.	과일 사러 갑시다.
Choo kipo pale.	화장실이 저기 있습니다.
Asante sana.	매우 감사합니다.
Nataka kupeleka barua.	나는 편지를 붙이고 싶습니다.
Posta ipo pale.	우체국이 저기 있습니다.

Nina njaa. 나는 배가 고픕니다.
Hoteli ipo pale. 식당이 저기 있습니다.

2 몇 개를 원하십니까?

Unataka matunda mangapi? 당신은 과일 몇 개를 원하십니까?
Nataka matatu. 나는 세 개를 원합니다.

Unataka tikiti ngapi? 당신은 표 몇 개를 원하십니까?
Nataka moja tu. 하나를 원할 뿐입니다.

Mnataka wafanyakazi wangapi? 당신들은 일꾼 몇 사람을 원하십니까?
Tunataka wanne. 우리는 네 사람을 원합니다.

3 값을 깎아주세요.

Hebu punguza bei! 가격을 깎아 주세요!
Siwezi. 못합니다.

Punguza bei! Nitanunua mengi. 가격을 깎아 주세요! 나는 많이 살 것입니다.
Haya. 좋습니다.

Nifanyie bei nzuri. 내게 좋은 가격으로 해주세요.
Haya, nitakufanyia shilingi ishirini. 좋습니다, 내가 당신께 20실링에 해드리지요.

4 더 필요한 것은 없으십니까?

Unahitaji matunda mengine? 당신은 다른 과일들이 필요합니까?
Sihitaji mengine. 나는 다른 것이 필요 없습니다.

Hutanunua kitu kingine? 다른 것은 안 사십니까?
Nitanunua kitanda kimoja zaidi. 나는 침대를 하나 더 살 것입니다.

Unahitaji maji zaidi? 당신은 물이 더 필요하십니까?
Sihitaji. Haya yanatosha. 나는 필요하지 않습니다. 이것으로 충분합니다.

MAZOEZI

1 제시된 명사를 고려하여 괄호 안 수식어의 알맞은 형태를 쓰세요.

1 jambo .... (-kubwa)
2 maji .... (-ingi)
3 mawe .... (-ingine)
4 sikio .... (-moja)
5 mabwana .... (-dogo)
6 matunda .... (-pya)

2 해석을 참고하여 빈칸에 알맞은 주격전철를 넣으세요.

1 Macho yake ......mefunguka. 그의 눈은 뜨여 있었다.
2 Gari ......mevunjika. 차가 부서졌다.
3 Maji ......nachemka. 물이 끓고 있다.
4 Mafundi ......nakwenda kazini. 기술자들이 일터로 가고 있다.

③ 한국어로 해석하세요.

1 Nitakufanyia shilingi thelathini na tano.

2 Hutanunua gari langu?

3 Duka la matunda lipo pale.

4 Mama anakwenda jikoni kupika chakula.

5 Watoto wapenda kula maembe mabichi.

④ 스와힐리어로 작문하세요.

1 당신은 표 몇 장을 원하십니까?

2 내게 좋은 가격으로 해주십시오.

3 오늘 시장에서 오렌지가 망고보다 비싸다.

4 이 파파야는 얼마입니까?

5 이 과일들로 충분합니다.

Somo la 11 옷가게에서

Unapenda rangi gani?

어떤 색이 좋은가요?

MAZUNGUMZO

지호와 미나는 계속해서 시장을 구경한다.

지호: Mfuko huu umejaa na matunda mengi. Mzito sana!
Turudi kwa hoteli.
미나: Haya, pale pembeni kuna duka la nguo.
Twende kwa duka lile, halafu turudi.

지호: 이 가방은 많은 과일로 가득 찼어. 너무 무거워! 우리 호텔로 돌아가요.
미나: 좋아요, 저기 모퉁이에 옷가게가 있어요. 저 가게로 가요, 그다음에 돌아가요.

지호와 미나는 옷가게에 들어가서 옷을 고른다.

미나: (옷 한 벌을 가리키며) Unapenda nguo hii?
지호: Napenda nakshi yake, lakini sipendi rangi nyekundu.
미나: Unapenda rangi gani?
지호: Napenda rangi ya kijani na manjano.

미나: 당신은 이 옷이 마음에 드나요?
지호: 모양은 좋은데, 빨간색은 별로네요.
미나: 당신은 어떤 색이 좋은가요?
지호: 나는 초록색이나 노란색이 좋아요.

이때 점원이 지호와 미나에게 다가와 말을 건넨다.

점원: Mnatafuta nguo ya namna gani, suruali, shati, koti?
미나: (셔츠 한 벌을 가리키며) Shati hili ni pesa ngapi?
점원: Hili ni shilingi mia nne.
미나: (지호에게) Unapenda shati hili?

MSAMIATI

- **mfuko** 가방
- **-jaa** 가득 차다
- **-zito** 무거운, 진한
- **-rudi** 돌아가다
- **pembeni** 구석, 코너
- **nguo** 옷
- **nakshi** 무늬
- **rangi** 색
- **-ekundu** 빨간색
- **kijani** 녹색
- **manjano** 노란색
- **-tafuta** 찾다
- **namna** 종류
- **suruali** 바지
- **shati** 셔츠
- **koti** 외투

지호: Ndiyo, napenda shati hili.

점원: 당신들은 어떤 종류의 옷을 찾고 계십니까, 바지, 셔츠, 저고리?
미나: 이 셔츠는 얼마인가요?
점원: 이것은 400실링입니다.
미나: 당신 이 셔츠가 마음에 들어요?
지호: 예, 나는 이 셔츠가 좋습니다.

SARUFI

형용사

스와힐리어에서 형용사는 수식하는 명사 뒤에 위치한다. 형용사 중에서는 수식하는 명사의 부류에 따라 호응접사가 형용사 어근 앞에 붙는 것이 있고, 호응접사가 붙지 않고 쓰이는 것이 있다.

형용사 어근에 붙는 호응접사는 부류접사와 동일한 경우가 대부분이지만, 형용사 어근이 모음으로 시작하는 경우 발음상의 편의를 위해 호응접사의 형태가 변형되는 예가 있다.

(1) 형용사 어근이 자음으로 시작하는 경우

-baya	나쁜	-bichi	덜 익은, 날것의
-bovu	썩은	-chafu	더러운
-pya	새로운	-dogo	작은, 어린
-fupi	짧은	-gumu	어려운
-kali	사나운, 날카로운	-zito	무거운, 진한
-zuri	좋은, 예쁜	-kubwa	큰

mtoto mdogo	작은 아이
watoto wadogo	작은 아이들
mti mrefu	높은 나무

miti mirefu	높은 나무들
tunda jipya	새 과일
matunda mapya	새 과일들
chakula kibaya	나쁜 음식
vyakula vibaya	나쁜 음식들
nguo fupi	짧은 옷
nguo fupi	짧은 옷들
uso mzuri	예쁜 얼굴
nyuso nzuri	예쁜 얼굴들
kusoma kuzuri	좋은 공부

✎ 형용사가 ji 부류 명사를 수식할 경우 호응접사가 오지 않는 것이 원칙이나 -pya의 경우에는 'jipya'와 같이 호응접사가 붙는다.

✎ n 부류 명사의 형용사 호응

형용사 어근이 d, g, z로 시작하는 경우에는 'n-'이 호응접사로 실현된다.

ndizi ndogo	작은 바나나
kazi ngumu	힘든 일
habari nzuri	좋은 소식

형용사 어근이 b, p로 시작하는 경우에는 'm-'이 호응접사로 실현된다.

ndizi mbaya	나쁜 바나나
kazi mpya	새로운 일

형용사 어근이 그 외의 자음으로 시작되는 경우에는 '-refu'만 제외하고 호응접사가 붙지 않는다.

safari ndefu	긴 여행

(2) 형용사 어근이 모음으로 시작하는 경우

-aminifu	정직한	-ekundu	빨간
-ema	좋은	-embamba	날씬한, 가는
-epesi	가벼운, 빠른	-eupe	흰
-ingi	많은	-ingine	다른

mtu mwaminifu	정직한 사람
mtoto mwema	착한 아이
mtoto mwingine	다른 아이
watu waminifu	정직한 사람들
watoto wema	착한 아이들
watoto wengine	다른 아이들

mti mweusi	검은 나무(A dark tree)
mkate mwingine	다른 빵조각
miti myeusi	검은 나무들
mikate mingine	다른 빵조각들

jua jekundu	붉은 태양
jua jingi	다량의 햇빛
mabasi mekundu	빨간 버스
mabasi mengine	다른 버스들

kiti cheusi	검은 의자
chakula kingi	다량의 음식
viti vyeusi	검은 의자들
vyakula vingine	나른 음식틀

nguo nyeupe	하얀 옷
nguo nyingine	다른 옷들

✎ 예외적으로 '-ema'의 경우 n 부류 명사와 호응할 때 'njema'가 된다.

safari njema 좋은, 안전한 여행

(3) 호응접사가 붙지 않는 형용사

호응접사가 붙지 않는 형용사는 대부분이 아랍어 차용어다. 이 중 몇몇 단어는 'maskini'(가난한, 가난한 사람), 'tajiri'(부유한, 부자)와 같이 명사로도 쓰인다.

bora	더 나은	manjano	노란
bure	공짜의, 무용한	ghali	비싼
muhimu	중요한	rahisi	쉬운, 값싼
rasmi	공식적인	sahihi	정확한
hodari	용감한, 총명한	imara	힘센, 강직한
tayari	준비된	kweli	진실된, 진짜의
laini	부드러운	wazi	열린, 명백한
safi	깨끗한	maalum	특별한

bwana tajiri	부유한 신사
mtoto maskini	가난한 아이
kazi bure	헛된 일
safari rasmi	공식적인 여행
wanafunzi hodari	용감한, 총명한 학생들
mambo muhimu	중요한 문제들
chakula tayari	음식이 준비되었다
mlango ni wazi	문이 열려 있다

(4) 비교의 의미를 지닌 표현

스와힐리어에서 비교를 지닌 의미를 표현할 때는 '~보다'의 뜻을 지닌 'kuliko', 'kuzidi', 'kupita', 'kushinda' 등이 쓰인다.

Ali ni mrefu kuliko Juma.	알리는 주마보다 크다.
Nguo yangu ni safi kupita yako.	내 옷은 네 것보다 깨끗하다.
Abdallah ni hodari kushinda Omari.	압둘라는 오마리보다 총명하다.

Zanzibar ni mji mzuri kuzidi Moshi. 잔지바르는 모시보다 좋은 도시이다.

MATUMIZI

1 우리 ~로 돌아갑시다.

Turudi kwa hoteli. 우리 호텔로 돌아갑시다.
Haya, nimechoka sana. 좋습니다, 나는 매우 피곤합니다.

Turudi kwa nyumba yetu. 우리 집으로 돌아갑시다.
Sawa, nina njaa. 좋습니다, 나는 배가 고픕니다.

Turudi kwa shule. 우리 학교로 돌아갑시다.
Sitaki, nitacheza mpira zaidi. 싫습니다, 나는 공놀이 더 할 것입니다.

2 ~이 마음에 드나요?

Unapenda nguo hii? 당신 이 옷이 마음에 드나요?
Ndiyo, napenda nguo hii. 그렇습니다, 이 옷이 마음에 듭니다.

Unapenda kitabu hiki? 당신 이 책이 마음에 드나요?
Ndiyo, napenda mwandishi huyu. 그렇습니다, 나는 이 작가를 좋아합니다.

mwandishi 작가/글쓴이

Unapenda chakula hiki? 당신은 이 음식이 마음에 드나요?
Ndiyo, niletee zaidi. 그렇습니다, 내게 더 갖다 주세요.

3 어떤 종류의 물건을 찾고 있습니까?

Unatafuta nguo ya namna gani? 당신은 어떤 종류의 옷을 찾고 있습니까?
Ninatafuta koti. 나는 외투를 찾고 있습니다.

kalamu 펜

Unatafuta kitu cha namna gani?	당신은 어떤 종류의 물건을 찾고 있습니까?
Ninatafuta kalamu.	나는 펜을 찾고 있습니다.
Mnatafuta matunda ya namna gani?	당신들은 어떤 종류의 과일들을 찾고 있습니까?
Tunatafuta ndizi na mananasi.	우리는 바나나와 파인애플을 찾고 있습니다.

4 다음에 오겠습니다.

Tutarudi baadaye.	우리 다음에 오겠습니다.
Haya, kwa herini.	좋습니다, 안녕히들 가세요.
Nitarudi baadaye.	나는 다음에 오겠습니다.
Haya, kwa heri.	좋습니다, 안녕히 가세요.

MAZOEZI

1 제시된 명사를 고려하여 괄호 안 형용사의 알맞은 형태를 쓰세요.

1 watoto ________ (-ema) 착한 아이들

2 miti ________ (-eusi) 검은 나무들

3 mabasi ________ (-ekundu) 빨간 버스들

4 kiti ________ (-eupe) 흰 의자

2 해석을 참고하여 알맞은 형용사를 쓰세요.

1 bwana ________ 부유한 신사

2 mtoto ________ 가난한 아이

3 safari ________ 공식적인 여행

4 mambo ________ 중요한 문제들

5 wanafunzi ______ 용감한, 총명한 학생들

3 한국어로 해석하세요.

1 Napenda nakshi yake, lakini sipendi rangi nyekundu.

______

2 Unatafuta kitu cha namna gani?

______

3 Pale pembeni kuna duka la nguo.

______

4 Abdallah ni hodari kushinda Omari.

______

5 Nguo yangu ni safi kupita yako.

______

4 스와힐리어로 작문하세요.

1 우리 호텔로 돌아갑시다.

______

2 당신은 이 음식이 마음에 드나요?

______

3 알리는 주마보다 크다.

______

4 우리 다음에 다시 오겠습니다.

______

5 이 가방은 과일들로 가득 찼다.

______

Mimi napenda wali na nyama.

나는 밥과 고기를 좋아합니다.

MSAMIATI

-agiza 주문하다

-kaa 앉다, 자리 잡다

dirisha 창문

mbuzi 염소

pilau 필라우(육류, 채소, 향신료가 들어간 볶음밥)

viungo 향신료(단수 kiungo)

-jaribu 시도하다, 노력하다

MAZUNGUMZO

몸바사에 머물고 있는 지호와 미나는 친구 붐비를 만나 식당으로 갔다.

지호: Tukae wapi?
미나: Tukae pale juu, karibu na dirisha.

지호: 우리 어디에 앉을까요?
미나: 우리 저기 위에 앉아요, 창문 가까이에.

그들 일행은 자리를 잡고 메뉴판을 살펴본다.

붐비: Je, mnapenda chakula gani?
미나: Mimi napenda wali na nyama.
붐비: Nyama gani? Kuna nyama ya mbuzi na ya ng'ombe.
지호: Anapenda nyama ya mbuzi. Utakula nini?
붐비: Nataka kula pilau.
지호: Pilau ni chakula gani?
붐비: Ni wali kwa nyama, pamoja na viungo vingi.
지호: Haya, nitajaribu pilau.
붐비: (종업원을 향해) Tuletee pilau mbili na wali na nyama ya mbuzi moja.

붐비: 당신들은 어떤 음식을 좋아하나요?
미나: 나는 밥과 고기를 좋아합니다.
붐비: 어떤 고기입니까? 염소고기와 쇠고기가 있군요.
지호: 그녀는 염소고기를 좋아합니다. 당신은 무엇을 먹을 것입니까?
붐비: 나는 쇠고기 필라우를 먹고 싶습니다.
지호: 필라우는 어떤 음식입니까?
붐비: 많은 향신료가 들어간 밥과 고기입니다.
지호: 좋습니다, 나는 필라우를 먹어 볼 것입니다.
붐비: 우리에게 필라우 두 그릇, 밥과 염소고기 한 그릇 갖다 주세요.

SARUFI

ki/vi 부류

사물, 음식, 장소, 신체, 언어의 명칭 등등 다양한 종류의 명사가 ki/vi 부류에 속한다. 이 명사부류의 부류접사는 단수에서 'ki-' 혹은 'ch-'이며 복수에서는 'vi-' 혹은 'vy-'이다.

ki/vi 부류		단수	복수
제조된 사물	식기, 기구	chombo	vyombo
	철	chuma	vyuma
	구두	kiatu	viatu
	컵	kikombe	vikombe
	거울	kioo	vioo
	칼	kisu	visu
	물건	kitu	vitu
음식, 자연의 산물	음식	chakula	vyakula
	감자	kiazi	viazi
	양파	kitunguu	vitunguu
장소	화장실	choo	vyoo
	방	chumba	vyumba
	대학교, 기관	chuo	vyuo
	마을	kijiji	vijiji
	낮은 산, 언덕	kilima	vilima
	우물	kisima	visima
사람	청년	kijana	vijana
	장님	kipofu	vipofu
	귀머거리	kiziwi	viziwi
동물	하마	kiboko	viboko
	코뿔소	kifaru	vifaru
신체	머리	kichwa	vichwa
	손가락	kidole	vidole
	가슴	kifua	vifua

추상적 개념	계급, 열	cheo	vyeo
	증명서	cheti	vyeti
	정당	chama	vyama
언어의 명칭	아랍어	Kiarabu	
	프랑스어	Kifaransa	
	인도어	Kihindi	
	스와힐리어	Kiswahili	

✎ 원래 다른 부류에 속해 있던 명사가 ki/vi 부류로 바뀐 경우, 더 작은 것을 의미한다.

				단수	복수
mtoto	아이	→	작은 아이	kitoto	vitoto
sahani	접시	→	작은 접시	kisahani	visahani

✎ ki/vi 부류 중 사람을 의미하는 명사는 m/wa 부류와 같은 호응을 취한다.

Kijana mzuri 좋은 청년

Vijana wazuri 좋은 청년들

Watoto hawa wanakula chakula kizuri hiki. 이 아이들은 이 좋은 음식을 먹고 있다.

Soma kitabu kile kizuri! 저 좋은 책을 읽어라!

Kiswahili chako ni kizuri sana. 너의 스와힐리어는 매우 좋다.

Mama amenunua kikapu kipya sokoni. 어머니는 시장에서 새 바구니를 샀다.

Usitupe viazi vidogo vile! 저 작은 감자들을 던지지 마세요!

Kisu hiki ni kikali sana. 이 칼은 매우 날카롭다.

Tunapenda hicho kijiji chetu. 우리는 우리의 그 마을을 좋아한다.

Angalia kifaru yule mkubwa! 저 큰 코뿔소를 보아라!

Kitoto hajala chakula chake bado. 작은 아이는 아직 그의 음식을 먹지 않았다.

MATUMIZI

1 어디에 앉을까요?

Tukae wapi? 우리 어디에 앉을까요?
Tukae pale, karibu na dirisha. 우리 저기 앉지요, 창문 가까이에.

Nikae wapi? 제가 어디에 앉을까요?
Ukae pale kitini. 저기 의자에 앉으시지요.

2 어떤 음식을 좋아하나요?

Unapenda chakula gani? 당신은 어떤 음식을 좋아하세요?
Napenda wali na samaki. 나는 밥과 생선을 좋아합니다.

samaki 생선

Mnapenda chakula gani? 당신들은 어떤 음식을 좋아하세요?
Napenda nyama na anapenda mboga. 나는 고기를 좋아하고 그는 채소를 좋아합니다.

Anapenda kinywaji gani? 그는 어떤 음료수를 좋아합니까?
Anapenda soda. 그는 탄산음료를 좋아합니다.

3 무엇을 먹을 것입니까?

Utakula nini? 당신은 무엇을 먹을 것입니까?
Nitakula wali. 나는 밥을 먹을 것입니다.

Mtakula nini? 당신들은 무엇을 먹을 것입니까?
Tutakula biriani. 우리는 비리아니를 먹을 것입니다.

biriani 밥, 고기, 생선, 향신료 등으로 만든 음식

Watakula nini? 그들은 무엇을 먹을 것입니까?
Watakula ugali na mboga. 그들은 우갈리와 채소를 먹을 것입니다.

ugali 옥수수 가루로 만든 아프리카 전통음식

4 ~를 갖다 주세요.

Tuletee wali na nyama. 우리에게 밥과 고기를 갖다 주세요.
Tuletee maji ya kunywa. 우리에게 마실 물을 갖다 주세요.
Niletee chai. 나에게 차를 갖다 주세요.
Mletee chakula. 그에게 음식을 갖다 주세요.

MAZOEZI

1 제시된 명사를 고려하여 괄호 안 수식어의 알맞은 형태를 쓰세요.

1 kitanda ________ (-kubwa)
2 vitu ________ (-ingi)
3 kiti ________ (-ingine)
4 kiatu ________ (-moja)
5 chumba ________ (-dogo)
6 kisu ________ (-pya)

2 해석을 참고하여 빈칸에 알맞은 주격전철를 넣으세요.

1 Vichwa vyao ____nawaumia. 그들의 머리가 그들을 아프게 하고 있다.
2 Kioo ____mevunjika. 거울이 부서졌다.
3 Chakula ____ko tayari. 음식이 준비되었다.
4 Vijana ____nakwenda ofisini. 젊은이들이 사무실로 가고 있다.

③ 한국어로 해석하세요.

1 Biriani ni chakula gani? ....

2 Usitupe viazi vidogo vile! ....

3 Tunapenda hicho kijiji chetu. ....

4 Kisu hiki ni kikali sana. ....

5 Mletee chakula. ....

④ 스와힐리어로 작문하세요.

1 너의 스와힐리어는 매우 좋다.

....

2 우리 어디에 앉을까요?

....

3 당신들은 어떤 음식을 좋아하십니까?

....

4 그는 커피를 마실 것입니다.

....

5 작은 아이는 아직 그의 음식을 먹지 않았다.

....

Somo la 13
식당에서 2

Kuna nyama choma tamu katika hoteli hii.

이 식당에 맛있는 냐마초마가 있습니다.

MAZUNGUMZO

지호와 미나는 붐비와 함께 냐마초마(숯불로 구운 고기) 식당에서 저녁 식사를 한다.

붐비: Mnapenda nyama choma?
지호: Tunaipenda sana.
붐비: Haya, kuna nyama choma tamu katika hoteli hii.
Twende kuchagua nyama.

붐비: 당신들은 냐마초마를 좋아하십니까?
지호: 우리는 그것을 매우 좋아합니다.
붐비: 좋습니다, 이 식당에 맛있는 냐마초마가 있습니다. 고기를 고르러 갑시다.

지호 일행은 식당 한쪽에 고기가 전시된 곳으로 간다.

붐비: Mzee, una nyama gani leo?
종업원: Karibuni! Tuna nyama za aina zote, ng'ombe, mbuzi, kondoo, kuku.
미나: (염소 갈비를 가리키며)
Mbavu hizi ni pesa ngapi?
종업원: Hizi ni shilingi mia sita.
Niziweke motoni?
붐비: Sawa tu. Uchome vizuri.
종업원: Bila shaka!
Mnataka nyama nyingine?
지호: Nataka nyama ya kuku.
Ni bei gani leo?
종업원: Shilingi mia tano.
미나: Huwezi kumaliza kuku nzima.
Tumeagiza nyama nyingi.
Uongeze nusu!

MSAMIATI

- -choma 굽다
- tamu 맛있는, 단
- -chagua 고르다
- aina 종류
- kondoo 양
- kuku 닭
- mbavu 갈비 (단수 ubavu)
- -weka 놓다
- bila ~없이
- shaka 의심, 어려움
- -maliza 끝내다
- -agiza 주문하다
- -ongeza 더하다, 추가하다
- nusu 절반

지호: Haya, weka kuku nusu.
붐비: Jumla ni pesa ngapi?
종업원: Shilingi mia nane na hamsini.
Mnataka vinywaji gani?
붐비: Tuletee bia baridi tatu!

붐비: 아저씨, 오늘 어떤 고기가 있습니까?
종업원: 환영합니다! 쇠고기, 염소고기, 양고기, 닭고기, 모든 종류의 고기가 있습니다.
미나: 이 갈비는 얼마인가요?
종업원: 이것들은 600실링입니다.
불에 올릴까요?
붐비: 좋을 따름입니다. 잘 구워주세요.
종업원: 걱정 마십시오!
당신들은 다른 고기를 원하십니까?
지호: 나는 닭고기를 원합니다.
오늘 얼마인가요?
종업원: 500실링입니다.
미나: 당신 닭 한 마리 다 먹지 못합니다.
우리는 이미 많은 고기를 주문했어요.
반마리만 추가하세요!
지호: 좋아, 닭 반마리만 (불에) 올리세요.
붐비: 다 해서 얼마지요?
종업원: 850실링입니다.
당신들은 어떤 음료를 원하십니까?
붐비: 우리에게 시원한 맥주 세 병 갖다 주세요!

vinywaji 음료수 (단수 kinywaji)

bia 맥주

baridi 찬, 추위

SARUFI

목적격전철

스와힐리어 문장에서 목적어는 동사부 내에서 목적격전철의 형태로 나타나기도 한다. 일반적인 문장에서 목적격전철의 위치는 시제와 동사원형 사이이다.

Una**ni**ona. 당신은 나를 보고 있습니다.

위의 문장에서 동사부 u-na-ni-ona는 주격전철(2인칭 단수), 현재시제, 목적격전철(1인칭 단수), 동사원형의 순으로 구성되어 있다.

Nili**ku**ambia. 내가 너에게 말했다.

위의 문장에서 동사부 ni-li-ku-ambia는 주격전철(1인칭 단수), 과거시제, 목적격전철(2인칭 단수), 동사원형의 순으로 구성되어 있다.

각 명사부류의 목적격전철은 다음과 같다.

명사부류	수	목적격전철	
m/wa class	단	1인칭	ni
		2인칭	ku
		3인칭	m
	복	1인칭	tu
		2인칭	wa
		3인칭	wa
m/mi class	단	u	
	복	i	
ji/ma class	단	li	
	복	ya	
ki/vi class	단	ki	
	복	vi	
n class	단	i	
	복	zi	

u class	단	u
	복	zi
ku class	단	ku
ma class	단	pa
		ku
		m

목적격전철은 목적어를 대체하거나, 동사의 타동성을 강화하는 기능을 한다. 따라서 동사 뒤에 목적어가 독립적으로 존재하는 경우에도 동사부 내에 목적격전철이 선택적으로 실현될 수 있다. (주격전철은 독립적인 주어의 존재 여부와 상관없이 동사부 내에 필수적으로 실현된다.)

Mwite! 그를 부르시오!

Mwite daktari! 의사를 부르시오!

Sikumwona. 나는 그를 보지 못했다.

Sikumwona mwana wangu. 나는 내 아들을 보지 못했다.

Sikuelewi. 나는 너를 이해하지 못하겠다. (당신 말을 못 알아듣겠다.)

Nilikiweka mezani. 나는 그것을 탁자에 놓았다.

Niliwakutana kazini. 나는 일터에서 그들을 만났다.

Mtoto mdogo anamwogopa kaka yake. 작은 아이가 그의 형을 무서워한다.

Nipe kilo mbili za vitunguu. 나에게 2킬로의 양파를 주세요.

-elewa 이해하다

vitunguu 양파들

MATUMIZI

1 우리는 그것을 좋아합니다.

Mnapenda nyama choma? 당신들은 냐마초마를 좋아하십니까?

Tunaipenda. 우리는 그것을 좋아합니다.

Unapendakitabu hiki? 당신은 이 책을 좋아합니까?
Ninakipenda. 나는 그것을 좋아합니다.

Anapenda ndizi? 그는 바나나를 좋아합니까?
Anazipenda. 그는 그것들을 좋아합니다.

Wanakupenda? 그들이 당신을 좋아합니까?
Wananipenda. 그들은 나를 좋아합니다.

2 오늘 어떤 ~이 있습니까?

Una nyama gani leo? 오늘 어떤 고기가 있습니까? (당신은 오늘 어떤 고기를 가지고 있습니까?)
Nina nyama ya ng'ombe na ya kuku. 쇠고기와 닭고기가 있습니다. (나는 쇠고기와 닭고기를 가지고 있습니다.)

Una matunda gani leo? 오늘 어떤 과일들이 있습니까?
Nina ndizi na mapapai. 바나나와 파파야가 있습니다.

Mna chakula gani leo? 오늘 어떤 음식이 있습니까? (당신들은 오늘 어떤 음식을 가지고 있습니까?)
Tuna wali na biriani. 밥과 비리아니가 있습니다. (우리는 밥과 비리아니를 가지고 있습니다.)

3 걱정 마세요.

Nahitaji maji ya kunywa. 나는 마실 물이 필요합니다.
Hakuna shida. 걱정 마세요. (문제없습니다.)

Uchome vizuri. 잘 구워주세요.
Bila shaka. 걱정 마세요.

Lazima uje hapa mpaka saa sita. 당신은 12시까지 여기 와야 합니다.
Hakuna matata. 걱정 마세요. (문제없습니다.)

Lazima nimalize kazi yangu. 나는 내 일을 끝내야 합니다.
Usiwe na wasiwasi. 걱정 마세요.

wasiwasi 걱정, 근심, 의심

4 ~를 추가해주세요.

Huwezi kumaliza kuku nzima. 당신은 닭 한 마리를 다 먹지 못합니다.
Uongeze nusu. 반만 추가해주세요.

Tunahitaji vinywaji zaidi. 우리는 음료가 더 필요합니다.
Hebu ongeza chupa tatu. 세 병 더 추가해주세요.

MAZOEZI

1 제시된 해석을 고려하여 빈칸에 알맞은 목적격 전철을 넣으세요.

1 ....ambie! 그에게 말하세요!

2 Si ....elewi. 나는 너를 이해하지 못하겠다.

3 Nili ....ona mwana wangu. 나는 내 아들을 보았다.

4 ....pe kilo moja ya chai. 나에게 1킬로의 차를 주세요.

2 제시된 대화를 참고하여 빈칸에 알맞은 목적격전철을 넣으세요.

1 Unapenda nyama? 당신은 고기를 좋아하십니까?
Nina ....penda. 나는 그것을 좋아합니다.

2 Unapenda matunda? 당신은 과일을 좋아하십니까?
Nina ....penda. 나는 그것들을 좋아합니다.

3 Unapenda vyakula? 당신은 음식을 좋아하십니까?
Nina ....penda. 나는 그것들을 좋아합니다.

4 Unapenda miti? 당신은 나무들을 좋아하십니까?

Nina .... penda. 나는 그것들을 좋아합니다.

3 한국어로 해석하세요.

1 Tuna nyama za aina zote. ....

2 Mwite daktari! ....

3 Tumeagiza nyama nyingi. ....

4 Hukumwaona. ....

5 Mtoto mdogo anamwogopa kaka yake.

....

4 스와힐리어로 작문하세요.

1 우리에게 염소 고기를 가져다주세요.

....

2 우리는 그것을(nyama) 좋아합니다.

....

3 반만 추가하세요.

....

4 오늘 어떤 음식이 있습니까?

....

5 잘 구워주세요.

....

Somo la

14 Utapika nini leo jioni?

요리하기

당신은 오늘 저녁에 무엇을 요리할 것입니까?

MAZUNGUMZO

지호와 미나는 붐비의 시골집에 방문하여 며칠 동안 머물고 있다. 미나는 붐비의 어머니와 대화를 나눈다.

미나: Jiho amekwenda wapi?

어머니: Yupo msituni. Jiho na Vumbi walikwenda kukata kuni. Tangu walipokwenda ni masaa matatu.

미나: Mama, unafanya nini? Unahitaji msaada wangu?

어머니: Aa, mwanangu!
Hii ni kazi yangu. Ninakatakata sukuma wiki.

미나: Ulinunua sokoni?

어머니: Sikununua. Nilichuma shambani kwetu.
Si uliona shambani pana mboga nyingi?

미나: Utapika nini leo jioni?

어머니: Nitapika ugali na sukuma wiki.

미나: Nikuletee maji?

어머니: Haya, mwanangu. Mtungi wenye maji upo pembeni pale, na sufuria ipo hapa.

미나: Nisaidie kupika ugali. Unga iko wapi?

어머니: Ai! Unajua kupika ugali? Unga ipo juu ya kabati.

미나: 지호는 어디 갔습니까?

어머니: 그는 숲 속에 있어. 지호와 붐비는 나무하러 갔지.
그들이 간 지 세 시간쯤 되었어.

미나: 어머니는 뭐하세요? 제 도움이 필요하세요?

어머니: 아니야, 내 아가! 이것은 내 일이야. 나는 케일을 잘게 자르고 있는 중이지.

미나: 시장에서 사셨어요?

어머니: 사지 않았어. 우리 밭에서 수확했지. 밭에 채소가 많이 있는 것을 보지 못했나?

미나: 오늘 저녁에는 무엇을 요리할 것입니까?

어머니: 나는 우갈리와 케일을 요리할 것이야.

미나: 물 갖다 드려요?

어머니: 좋아, 내 아가. 물항아리는 저기 구석에 있고, 냄비는 여기 있지.

MSAMIATI

msitu 숲
-kata 자르다
kuni 장작, 성냥개비
tangu ~이래로
msaada 도움, 지원
sukuma wiki 케일
-chuma 추수하다, 따다
shamba 농장, 밭
mboga 채소
ugali 우갈리 (옥수수 가루로 만든 음식)
mtungi 항아리
-enye ~를 가지고 있는
sufuria 냄비
unga 가루
kabati 서랍장

미나: 제가 우갈리 요리하는 것을 도와드리겠습니다. 옥수수 가루는 어디 있습니까?
어머니: 와아! 네가 우갈리 요리할 줄 알아? 옥수수 가루는 서랍장 위에 있어.

잠시 후 지호와 붐비가 돌아와서 미나가 요리하는 모습을 본다.

붐비: He! Ulijifunza namna ya kupika ugali wapi?
미나: Rafiki yangu alinifundisha.
Utakula ugali tamu leo.
지호: Sasa wewe ni mpishi. Hebu, harakisha tuna njaa sana.
미나: Haya, ngoja kidogo. Nenda kunawa mikono yako kwanza.

mpishi 요리사
-harakisha 빨리하다
njaa 배고픔
-ngoja 기다리다
-nawa 씻다

붐비: 어! 우갈리 요리하는 방법을 어디서 배웠습니까?
미나: 제 친구가 저에게 가르쳐주었습니다.
당신은 오늘 맛있는 우갈리를 먹게 될 것입니다.
지호: 그러면 당신이 요리사군요. 빨리 해주세요, 우리는 매우 배가 고픕니다.
미나: 좋아요, 조금만 기다리세요. 우선 손부터 씻으러 가세요.

SARUFI

완료상 {me}

스와힐리어에서 이미 일어난 행위의 결과가 아직도 현재에까지 영향을 미치고 있는 상황을 표현할 때 완료상 {me}를 쓴다.

ni + me + kula = Nimekula. 나는 먹었다(그래서 지금 안 먹어도 된다).

✎ 이미 일어난 상황의 종료를 강조할 때는 {mesha}가 쓰이기도 한다.

Ni**mesha**kula chakula. 나는 이미 음식을 먹어 버렸다.

Wa**mesha**fanya mtihani wao. 그들은 이미 시험을 치렀다.

완료상의 부정은 {ja}이며, 단음절 동사가 {ja}와 함께 실현될 경우 {ku}가 추가되지 않는다.

si + ja + fanya	=	Sijafanya.	나는 아직 하지 않았다.
hatu + ja + enda	=	Hatujaenda.	우리는 아직 가지 않았다.

Watoto wameamka asubuhi.	아이들이 아침에 일어났다.
Sijanunua mkate leo.	나는 오늘 빵을 사지 못했다.
Mwizi ameiba mahindi shambani usiku.	도둑이 밤에 농장에서 옥수수를 훔쳤다.
Bado sijapata mshahara wangu.	나는 아직 내 월급을 받지 못했다.
Wazazi wangu wameketi barazani.	나의 부모님들이 베란다에 앉았다.
Bado hatujapanda mlima wa Kilimanjaro.	우리는 아직 킬리만자로산에 오르지 않았다.

MATUMIZI

1 그가 어디 갔습니까?

Amekwenda wapi?	그가 어디 갔습니까?
Amekwenda sokoni.	그는 시장에 갔습니다.
Watoto wamekwenda wapi?	아이들이 어디 갔습니까?
Wamekwenda kucheza mpira.	그들은 공놀이 하러 갔습니다.
Baba amekwenda wapi?	아버지가 어디 가셨습니까?
Amekwenda kazini.	그는 일터에 갔습니다.
Wanafunzi wamekwenda wapi?	학생들은 어디 갔습니까?
Wamekwenda nyumbani.	그들은 집에 갔습니다.

2 뭐하세요?

Unafanya nini?	당신은 뭐하세요?
Ninapika chakula.	나는 음식을 요리하고 있습니다.
Anafanya nini?	그는 뭐하고 있습니까?
Anasoma kitabu.	그는 책을 읽고 있습니다.
Walimu wanafanya nini?	선생님들은 뭐하고 있습니까?
Wanakula chakula cha jioni.	그들은 저녁을 먹고 있습니다.
Mnafanya nini?	당신들은 뭐하세요?
Tunakata kuni.	우리들은 나무하고 있습니다.

3 ~이 어디 있나요?

Unga iko wapi?	옥수수 가루는 어디 있습니까?
Ipo juu ya kabati.	그것은 서랍장 위에 있습니다.
Kijiko kiko wapi?	숟가락이 어디에 있습니까?
Kipo juu ya meza.	탁자 위에 있습니다.
Pesa iko wapi?	돈이 어디에 있습니까?
Ipo ndani ya mfuko.	그것은 가방 안에 있습니다.

4 ~하러 가세요.

Nenda unawe mikono.	손 씻으러 가세요.
Nenda ununue samaki.	생선 사러 가세요.
Nenda utafute kaka yangu.	나의 형을 찾으러 가세요.
Nenda ule chakula.	음식 먹으러 가세요.

MAZOEZI

1 주어진 동사기본형과 해석을 참고하여 동사부를 완성하세요.

1 Wanafunzi ______________ shule. (-enda)

학생들이 학교로 갔다.(그래서 그들이 지금 여기 없다)

2 Mwalimu ______________. (-ja)

선생님이 왔다.(그래서 그가 지금 여기에 있다)

3 Mimi ______________ chai. (-nywa)

나는 차를 마셨다.(그래서 지금 차를 더 마시지 않아도 된다)

4 Wao ______________ asubuhi. (-amka)

그들은 아침에 일어났다.(그래서 지금 그들이 깨어있다)

2 제시된 문장의 부정문을 쓰세요.

1 Mama amepika.

____

2 Nimenunua mkate.

____

3 Umekula chakula.

____

4 Nimeolewa.

____

5 Tumefika.

____

-olewa 결혼하다(여자)

3 한국어로 해석하세요.

1 Bado hatujapanda mlima wa Kilimanjaro.

2 Debe lenye maji lipo pembeni pale.

3 Hebu, harakisha tuna njaa sana.

4 Si uliona shambani pana mboga nyingi?

5 Tangu alipokwenda ni masaa mawili.

4 스와힐리어로 작문하세요.

1 가서 먼저 손 씻고 오세요.

2 그는 뭐하고 있습니까?

3 숟가락이 어디 있습니까?

4 나는 아직 내 월급을 받지 못했다.

5 나의 부모님들은 이미 앉았다.

6 내 친구가 나에게 스와힐리어를 가르쳐 주었다.

Somo la 15
일정 상의하기

Napenda kumtembelea rafiki.

나는 친구를 방문하고 싶습니다.

MAZUNGUMZO

지호는 붐비와 라무 여행 일정에 대해 상의한다.

지호: Sijui kama nitaweza kupata nafasi kutembelea Lamu.
Lamu ni mahali pa kupendeza?
붐비: Ndiyo, hata miji ya Malindi na Watamu pia.
Ni lazima urudi Korea, mwisho wa mwezi huu?
지호: Si lazima.
Kabla sijaondoka nitakuwa na shughuli huko Mombasa.
Tena napenda kumtembelea rafiki yangu.
붐비: Anaishi Mombasa?
지호: Ndiyo. Natumaini atakuwepo, nitakapofika.
Maana yake, anasafiri mara kwa mara.
붐비: Basi, ukiwa na nafasi, unaweza kumngojea kaka yangu aje.
지호: Yule anayekaa Kilifi?
붐비: Ndiye yeye. Atakuja wiki ijayo.
Kwa kawaida anakaa kwetu siku mbili tu, halafu anaendelea na safari yake mpaka Lamu.
Mara nyingi anasafiri kwa ajili ya kazi ya biashara.
Ni bora uende na kaka yangu.
지호: Napenda mpango wako. Nitafurahi kusafiri naye.
붐비: Mkiondoka hapa asubuhi mapema kama saa kumi na mbili, mtaweza kupanda basi kwenda Lamu mjini Mombasa.
Mabasi huondoka saa mbili asubuhi hivi.
지호: Natarajia safari ya kwenda Lamu.

지호: 내가 라무를 방문할 수 있을지 모르겠습니다.
라무는 매혹적인 곳이겠지요?
붐비: 그렇습니다, 말린디와 와타무까지도요.
이번 달 말까지 한국으로 돌아가야만 합니까?
지호: 꼭 그렇지만은 않습니다. 떠나기 전에 저기 몸바사에서 볼일이 있습니다.

MSAMIATI

nafasi 기회
-tembelea 여행하다, 방문하다
-pendeza 즐겁게 하다, 만족시키다
mwisho 끝
kabla ~전에
shughuli 볼일
-tumaini 희망하다
maana 의미, 뜻, 다시 말해서, 왜냐하면
ajili 이유
kawaida 관례, 습관
biashara 교역, 장사
mpango 계획
-furahi 기쁘다, 즐겁다
-tarajia 기대하다, 예상하다

그리고 나는 친구를 방문하고 싶습니다.

붐비: 그는 몸바사에서 살고 있습니까?

지호: 그렇습니다. 내가 거기 도착했을 때 그가 거기 있기를 바랍니다.
왜냐하면 그는 때때로 여행을 떠나기 때문이지요.

붐비: 당신이 여유가 있다면 나의 형이 오기를 기다릴 수 있습니다.

지호: 킬리피에 산다는 분 말입니까?

붐비: 바로 그분입니다. 그는 다음 주에 올 것입니다.
보통 그는 우리 집에 이틀만 머무르고, 그런 다음에 그는 라무까지 여행을 계속합니다. 그는 장사 때문에 여행을 자주 다닙니다.
당신이 나의 형과 함께 가는 것이 더 낫습니다.

지호: 당신의 계획이 마음에 드는군요. 그와 함께 여행하는 것은 즐거울 것입니다.

붐비: 당신들이 아침 일찍, 약 6시쯤 여기를 출발하면, 몸바사에서 라무가는 버스를 탈 수 있습니다. 그 버스들은 대략 8시쯤 출발합니다.

지호: 라무로의 여행이 기대됩니다.

SARUFI

지시사

스와힐리어에는 근칭, 원칭, 기지칭 등 세 가지 종류의 지시사가 존재하며, 문장 속에서 지시사는 지칭하는 명사의 부류에 따라 호응한다.

(1) 가까이 있는 사물을 지칭하는 근칭 지시사 {h-}

mtu huyu	이 사람	watu hawa	이 사람들
mti huu	이 나무	miti hii	이 나무들
tunda hili	이 과일	matunda haya	이 과일들

(2) 멀리 있는 사물을 지칭하는 원칭 지시사 {-le}

mtu yule	저 사람	watu wale	저 사람들
mti ule	저 나무	miti ile	저 나무들

tunda lile	저 과일	matunda yale	저 과일들

(3) 이미 알고 있는 사물을 지칭하는 기지칭 지시사 {-o}

mtu huyo	그 사람	watu hao	그 사람들
mti huo	그 나무	miti hiyo	그 나무들
tunda hilo	그 과일	matunda hayo	그 과일들

Wanafunzi hodari wachache hawa	이 몇몇의 총명한 학생들
Kula chakula hiki kizuri!	이 좋은 음식들을 먹어라!
Lete mizigo hii mizito!	이 무거운 짐들을 가지고 오너라!

Duka lile kubwa	저 큰 상점
Nunua ule mkate mzuri!	저 좋은 빵을 사거라!
Uza lile gari lako bovu!	너의 저 오래된 차를 팔아라!
Angalia yule joka kubwa!	저 큰 구렁이를 보아라!

Watoto hao wadogo	그 작은 아이들
Watoto wao hao	그들의 그 아이들

MATUMIZI

1 ~를 반드시 해야 합니까?

Ni lazima uende Nairobi? 당신은 나이로비로 돌아가야 합니까?
Si lazima. 그럴 필요는 없습니다.

Ni lazima aondoke sasa hivi? 그가 지금 떠나야만 합니까?
Ndiyo, hakuna nafasi hapa. 그렇습니다, 여기 여유가 없습니다.

Ni lazima nifike kabla ya saa moja? 내가 7시 전에 도착해야 합니까?
Ndiyo, mabasi yaondoka saa moja. 그렇습니다. 버스들이 7시에 출발합니다.

2 나는 희망합니다.

Natumaini atakuja hapa. 나는 그가 여기에 오기를 희망합니다.
Atakuja hapa wiki ijayo. 그는 다음 주에 올 것입니다.

Natumaini utapata nafasi. 나는 당신이 기회를 얻기를 희망합니다.
Asante sana. Nitajaribu. 감사합니다. 노력하겠습니다.

Natumaini nitamkuta mpenzi wangu. 나는 내 애인 만나기를 희망합니다.
Hebu maliza kazi yako kwanza. 우선 자네 일을 마무리 하게나.

3 기회가 된다면, ~ 하시지요.

Ukiwa na nafasi, ukae kwetu. 기회가 된다면, 우리 집에 머무세요.
Asante sana. 감사합니다.

Ukiwa na nafasi, unipigie simu. 기회가 된다면, 나에게 전화해 주세요.
Nitakupigia simu kesho. 내가 내일 당신께 전화 드리지요.

Ukiwa na nafasi, umtembelee. 기회가 된다면, 그를 방문하세요.
Nitamtembelea. 나는 그를 방문할 것입니다.

4 ~하는 것이 더 낫습니다.

Afadhali uende naye. 그와 함께 가는 것이 더 낫다.
Nitafurahi kwenda na yeye. 나는 그와 함께 가는 것에 즐거울 것입니다.

Afadhali umalize kazi leo. 일을 오늘 마치는 것이 더 낫다.
Nitaimaliza. 나는 일을 마칠 것입니다.

Afadhali ulale sasa hivi. 지금 자는 것이 더 낫다.
Nataka kutazama televisheni zaidi. 나는 텔레비전을 더 시청하고 싶습니다.

-tazama 바라보다/시청하다

MAZOEZI

1 제시된 명사를 참고하여 알맞은 지시사를 넣으세요.

1 chakula __________ 이 음식
2 watoto __________ 저 아이들
3 matunda __________ 저 과일들
4 kazi __________ 그 일들
5 miti __________ 이 나무들

2 알맞은 지시사 넣어 문장을 완성하세요.

1 __________ ni bibi yangu. 이 사람은 내 아내입니다.
2 Niletee vitabu __________. 저 책들을 나에게 갖다 주세요.
3 Siku ______ nilimkutana. 저번 날 내가 그를 만났습니다.
4 Basi ______ linakwenda Mombasa. 이 버스가 몸바사로 간다.

③ 한국어로 해석하세요.

1 Kabla sijaenda Nairobi nitakuwa na shughuli huko Mombasa.

2 Sijui kama nitapata nafasi kutembelea Lamu.

3 Mkiondoka hapa asubuhi mtafika mjini jioni.

4 Natumaini atakuwepo, nitakapofika.

5 Uza lile gari lako bovu!

④ 스와힐리어로 작문하세요.

1 저 작은 감자들을 던지지 마세요!

2 의심할 바 없이 라무는 멋진 곳입니까?

3 때때로 그는 일 때문에 여행을 한다.

4 보통 그는 우리 집에 이틀만 머문다.

5 그와 함께 여행하는 것은 즐거울 것입니다.

6 이 무거운 짐들을 가지고 오너라!

Somo la 16 버스에서

Itachukua masaa mangapi mpaka Lamu?

라무까지 몇 시간 걸리나요?

MAZUNGUMZO

미나는 라무로 가는 버스 안에서 만난 파투마와 대화를 나눈다.
몸바사에서 출발한 버스는 말린디 정류장에 잠시 정차했다.

파투마: Unasafiri mpaka Lamu, mama?

미나: Ndiyo. Tutatembelea Lamu siku nne hivi, halafu mimi na mume wangu tutarudi Nairobi kwa ndege.

파투마: Unafanya kazi katika Nairobi?

미나: Hapana, tumekuja hapa kwa likizo.
Itachukua masaa mangapi mpaka Lamu?

파투마: Tumefika Malindi sasa hivi, kwa hivyo imebaki masaa manne.

미나: Safari ndefu!

파투마: Usiwe na wasiwasi, tutafika tu. Mizigo yenu ipo juu?

미나: Hapana. Tuna mifuko miwili tu. Ipo chini, ndani ya basi.
Naona abiria wengine wana mizigo mingi.

파투마: Ni kweli. Sisi ambao tumetembelea ndugu shambani, tuna mizigo mingi.

미나: Umeweka mizigo yako wapi?

파투마: Ilibidi nimpe mume wangu, aitunze.

미나: Ndiye yule bwana aliyepo mbele, karibu na dereva?

파투마: Ndiye.

미나: Mna mizigo mingi sana!

파투마: Aa, si yote. Baadhi ya mizigo ile si mali yetu.
Abiria wengine walimpa mume wangu vitu vyao, avitunze.

미나: Mume wangu anakuja pamoja na chakula.
Tutaongea zaidi baadaye.

파투마: Haya, safari njema!

MSAMIATI

hivi 이렇게, 약
mume 남편 (mwanamume의 줄임말)
likizo 휴가, 방학
-baki 남다
wasiwasi 걱정, 두려움, 의심
abiria 승객
kweli 진실, 정말
-bidi 필요로 하다, 강제하다
-tunza 지키다
baadhi 일부, 부분
mali 재산
-ongea 대화하다, 말하다
baadaye 나중에

파투마: 당신은 라무까지 여행하십니까, 아주머니?

미나: 그렇습니다. 나는 라무를 나흘 정도 방문할 것이고,
그런 다음에 나와 내 남편은 비행기로 나이로비에 돌아갈 것입니다.

파투마: 당신은 나이로비에서 일하고 있나요?

미나: 아닙니다, 우리는 여기 휴가 왔습니다.
라무까지는 몇 시간이나 걸리지요?

파투마: 우리는 지금 막 말린디에 도착했으니 네 시간 정도 남았습니다.

미나: 긴 여행이군요!

파투마: 걱정하지 마세요, 우리는 도착할 것입니다. 당신들 짐은 위에 있나요?

미나: 아닙니다. 우리는 가방 두 개뿐입니다. 그것들은 버스 안의 밑에 있습니다.
다른 승객들은 짐이 많군요.

파투마: 정말 그렇습니다. 친척 농장을 방문한 우리도 짐이 많습니다.

미나: 당신은 짐들을 어디에 놓아두었습니까?

파투마: 남편이 짐을 지킬 수 있도록 그에게 맡겨야만 했습니다.

미나: 운전기사 근처의 앞에 있는 신사분 말인가요?

파투마: 바로 그 사람입니다.

미나: 당신들은 짐이 매우 많군요!

파투마: 아니요, 전부 다는 아닙니다. 저 짐들 중 일부는 우리 것이 아니에요.
다른 승객들이 그들의 물건을 남편에게 맡겼지요, 그가 지키도록 말이지요.

미나: 내 남편이 음식을 가지고 오는군요. 다음에 더 이야기 하시지요.

파투마: 좋습니다, 즐거운 여행 되세요!

SARUFI

1 계사

주어와 서술어를 연결하여 '이다', '아니다', '있다', '없다' 등의 뜻을 나타내는 단어를 계사(copula)라고 한다.

(1) {ni} 현재긍정

Wewe ni Mwingereza?	당신은 영국인입니까?
Mtoto wangu ni mgonjwa.	나의 아이는 아프다.
Uhuru ni kazi.	자유는 일이다.

✎ 과거 스와힐리어에서는 현재긍정 의미의 계사로 대명사격이 사용되었으나, 현대 스와힐리어에서는 명사부류나 인칭에 관계없이 {ni}를 쓰는 것이 일반적이다.

Juma yu daktari(Juma ni daktari).	주마는 의사이다.
Ukuta ule u mrefu(Ukuta ule ni mrefu).	저 벽은 높다.
Yu tayari?	그는 준비되었습니까?

※ 실제 대화에서 계사 {ni}는 생략되는 경우가 있다.

Mimi (ni) Mwingereza.	나는 영국인이다.
Chakula (ni) tayari!	음식이 준비되었습니다.
Sahani hizi (ni) safi.	이 접시들은 깨끗합니다.

(2) {si} 현재부정

Wao si wanafunzi.	그들은 학생들이 아니다.
Mnyama huyu si mkali.	이 동물은 사납지 않다.
Yeye si mwema.	그는 좋은 사람이 아니다.

(3) {ndi-}, {si-} 등 강조계사 : 연결되는 명사에 호응하는 관계접사와 함께 쓰인다.

Huyu ndiye mwizi mwenyewe.	이 사람이 바로 도둑이다.
Kitabu kile ndicho kibovu.	저 책이 바로 나쁜 책이다.
Hapa ndipo anapolala.	이 곳이 바로 그가 자는 곳이다.
Yule siye msafiri.	저 사람은 여행하는 사람이 아니다.
Ile siyo mitungi yangu.	저것들은 내 물통들이 아니다.

(4) {-li-}는 현재긍정 관계구문에만 사용되는 계사이며, 부정에는 {-si-}가 쓰인다.

Aliye bahili hataishi kwa raha duniani.	구두쇠는 세상에서 즐겁게 살지 못한다.
Walio wanafunzi hapa ni wawili tu.	여기 학생들인 사람은 두 사람뿐이다.
Nilipo ni pachafu.	내가 있는 곳은 더러운 곳이다.

Walio si madaktari hawawezi kutibu wagonjwa. 의사가 아닌 사람들은 환자를 치료하지 못한다.

2 불완전 동사 {-po}, {-ko}, {-mo}, {-na}

(1) {-po}, {-ko}, {-mo} 등은 '~에 있다(또는 없다)'의 뜻을 나타내며, 현재형에서는 주격전철과만 함께 쓰인다. (m/wa 부류 3인칭 단수의 경우, 대명사격 {yu}가 사용됨)

Yuko sokoni. 그는 시장에 있다.

Yupo jikoni. 그는 부엌에 있다.

Wamo chumbani. 그들은 방 안에 있다.

Mizigo ipo barazani. 짐들은 베란다에 있다.

Mayai yamo kikapuni. 달걀은 바구니 안에 있다.

Mama hayupo? 어머니 안 계시니?

Watoto hawapo? 아이들은 없니?

Kisu kiko wapi? 칼이 어디에 있니?

(2) {-na}는 '가지고 있다'의 뜻을 나타내며, 현재형에서는 주격전철과만 함께 쓰인다.

Nina vitabu vingi. 나는 많은 책을 가지고 있다.

Mtoto huyu ana uso mzuri. 이 아이는 예쁜 얼굴을 가지고 있다.

Watumishi wana mishahara midogo. 시중들은 적은 봉급을 받는다.

Mti ule una matawi mengi. 저 나무는 많은 가지를 가지고 있다.

Kilima hiki kina miti mirefu. 이 산에는 큰 나무들이 있다.

Sina nguo nyingi. 나는 많은 옷들을 가지고 있지 않다.

Hatuna chakula kingine. 우리는 다른 음식을 가지고 있지 않다.

Hamisi hana viatu. 하미시는 구두가 없다.

✎ {-na}가 장소를 나타내는 주격전철과 함께 쓰일 경우 '있다' 또는 '없다'의 의미를 나타낸다.

Kuna vitabu vingi.	많은 책들이 있다.
Kuna maziwa?	우유 있습니까?
Pana wanyama wakali porini.	숲 속에는 사나운 동물들이 있다.
Hamna shida!	문제 없습니다!

3 현재형 이외의 '이다', '아니다', '있다', '없다', '가지고 있다' 등의 표현

현재형에서 {ni}, {si}, {ndi-}, {si-}, {-li-}... 등을 이용해 실현되는 표현들이 과거시제, 미래시제, 완료상, 조건상, 가상법, 가정법, 명령법 등의 형태로 사용될 때 동사 {-wa}가 나타난다.

(1) '이다', '아니다' 표현의 과거시제 및 미래시제

Yeye alikuwa mwalimu.	그는 선생님이었다.
Mtoto huyu atakuwa fundi.	이 아이는 기술자가 될 것이다.
Mimi sikuwa mwizi.	나는 도둑이 아니었다.
Hukuwa mzuri.	너는 예쁘지 않았다.

(2) '이다', '아니다' 표현의 완료상, 조건상, 가상법

Fanya haraka uwe tayari mapema.	빨리 당신이 준비될 수 있도록 서둘러라.
Chemsha maji kabla ya kunywa, tusiwe wagonjwa.	우리가 아프지 않기 위해서, 마시기 전에 이 물을 끓여라.
Nimekuwa mwalimu.	나는 선생님이 되었다.
Hajawa daktari bado.	그는 아직 의사가 되지 못했다.
Ukiwa tajiri, unahitaji dereva.	당신이 부자라면, 운전사가 필요하다.

(3) '있다', '없다'(장소격) 표현의 과거시제 및 미래시제

Nilikuwepo.	나는 그곳에 있었다.
Hukuwepo.	당신은 그곳에 없었다.

Atakuwepo. 그는 그곳에 있을 것이다.

Hawatakuwepo. 그들은 그곳에 없을 것이다.

(4) '가지고 있다' 표현의 과거시제 및 미래시제

Nilikuwa na kitabu hiki. 나는 이 책을 가지고 있었다.

Hakuwa na rafiki. 그는 친구가 없었다.

Utakuwa na kalamu. 당신을 연필을 가질 것이다.

Hawatakuwa na mtoto. 그들은 아이를 가지지 못할 것이다.

(5) '가지고 있다' 표현의 완료상, 조건상, 가상법

Amekuwa na ugonjwa. 그는 질병을 앓아 왔다.

Sijawa na uwezo. 나는 능력을 갖추지 못해 왔다.

Naomba uwe na afya nzuri. 나는 당신이 건강하기를 기원합니다.

Usiwe na wasiwasi! 걱정하지 마세요!

Nikiwa na bahati mbaya, nitakosa. 내가 운이 없다면, 실패할 것이다.

MATUMIZI

1 ~에 ~일 정도 머무를 예정입니다.

Tutakaa Lamu siku nne hivi. 우리는 라무에 나흘 정도 머무를 예정입니다.

Lamu ni mahali pa kupendeza. 라무는 매혹적인 곳입니다.

Nitakaa Nairobi siku sita hivi. 나는 나이로비에 엿새 정도 머무를 예정입니다.

Ukiwa na nafasi, uende Chuo Kikuu cha Nairobi. 기회가 된다면 나이로비 대학교에 가보세요.

Utakaa wapi? 당신은 어디 머무를 예정입니까?

Nitakaa Safari Hotel siku tatu hivi. 나는 사파리 호텔에 사흘 정도 머무를 것입니다.

② 우리는 여기 휴가차 왔습니다.

Mnafanya kazi hapa? 당신들은 여기서 일을 하나요?
Tumekuja hapa kwa likizo. 우리는 여기 휴가차 왔습니다.

Umekuja hapa kufanya nini? 당신은 여기 무엇 하기 위해 왔습니까?
Nimekuja hapa kwa likizo. 나는 여기 휴가차 왔습니다.

Anafanya nini hapa? 그는 여기서 무엇을 합니까?
Amekuja hapa kwa likizo. 그는 여기 휴가차 왔습니다.

③ ~을 어디에 놓아두었습니까?

Umeweka mizigo yako wapi? 당신은 짐들을 어디에 놓아두었습니까?
Nimeweka mizigo yangu chini ya basi. 나는 내 짐들을 버스 밑에 놓아두었습니다.

Ameweka mzigo wake wapi? 그는 그의 짐을 어디에 놓아두었습니까?
Hana mzigo. 그는 짐이 없습니다.

Mmeweka mizigo yenu wapi? 당신들은 짐들을 어디에 놓아두었습니까?
Tumeiweka juu ya meza. 우리는 탁자 위에 짐들을 놓아두었습니다.

④ 바로 그 사람입니까?

Ndiye yule bwana? 바로 저 신사분입니까?
Ndiye. 바로 그 사람입니다.

Ndiye huyu msichana? 바로 이 소녀입니까?
Siye. 그 사람이 아닙니다.

Ndio wale watoto? 바로 저 아이들입니까?

Ndio. 바로 그들입니다.

Ndio hawa watu? 바로 이 사람들입니까?
Sio. 그 사람들이 아닙니다.

MAZOEZI

1 해석을 참고하여 빈칸을 알맞은 단어로 채우세요.

1 Mtoto wangu .... mzuri. 나의 아이는 예쁘다.
2 Sahani hizi .... safi. 이 접시들은 깨끗하지 않다.
3 Hapa .... anapolala. 이 곳이 바로 그가 자는 곳이다.
4 Mayai .... kikapuni. 달걀은 바구니 안에 있다.

2 제시된 문장의 과거형을 쓰세요.

1 Nina swali. ....
2 Yupo msituni. ....
3 Uko wapi? ....
4 Kuna vitabu vingi. ....

3 한국어로 해석하세요.

1 Itachukua masaa mangapi mpaka Lamu?

....

2 Sisi ambao tumetembelea ndugu shambani, tuna mizigo mingi.

....

3 Ilibidi nimpe mume wangu mizigo.

4 Abiria huwapa vitu wale waliopo mbele, wavitunze.

5 Huyu ndiye mwizi mwenyewe.

4 스와힐리어로 작문하세요.

1 당신은 라무까지 여행하십니까?

2 우리는 가방 두 개밖에 없습니다.

3 우리 나중에 더 이야기합시다.

4 그들은 그곳에 없을 것이다.

5 라무까지는 4시간 남았습니다.

6 걱정하지 마세요!

Somo la
17
초대하기

Umealikwa ngoma.

당신은 잔치에 초대받았습니다.

MSAMIATI

-alika 초대하다

ngoma 북, 춤, 잔치, 축제

karamu 축제, 연회

bibi arusi 신부

wanawake 여성들
(단수 mwanamke)

-karibishwa 환영받다

arusi 결혼, 결혼식

bwana arusi 신랑

babake 그의 아버지
(baba yake)

bandari 항구

Jumamosi 토요일

-kusudia 의도하다

Alhamisi 목요일

ili ~하기 위해서

-hudhulia
참가하다, 출석하다

-miliki 소유하다, 가지고 있다

MAZUNGUMZO

지호와 미나는 라무에 잘 도착했다. 미나는 버스에서 만난 파투마와 대화를 나눈다.

파투마: Umealikwa ngoma.
미나: Vizuri sana! Naweza kwenda pamoja na mume wangu?
파투마: Haiwezekani. Maana ni ngoma ya wanawake tu.
미나: Nani alinialika karamuni?
파투마: Umekaribishwa na Amina ambaye atakuwa bibi arusi wiki ijayo. Ni ngoma ya arusi.
미나: Amina ataolewa na nani?
파투마: Bwana arusi ni Daudi.
Yeye anasaidia babake anayemiliki ile hoteli karibu na bandari.
미나: Arusi hii itakuwa siku gani?
파투마: Jumamosi ya wiki ijayo.
미나: Ala! Tunakusudia kuondoka siku ya Alhamisi!
파투마: Msiondoke kabla ya arusi!
Lazima mwongeze likizo ili kuhudhuria arusi.

파투마: 당신은 잔치에 초대받았습니다.
미나: 좋습니다! 남편이랑 같이 가도 되나요?
파투마: 안 됩니다. 다시 말해 여성들만의 잔치이지요.
미나: 누가 나를 잔치에 초대했지요?
파투마: 다음 주에 신부가 될 아미나로부터 초대받았습니다. 결혼 잔치이지요.
미나: 아미나는 누구와 결혼합니까?
파투마: 신랑은 다우디입니다.
그는 항구 근처에 호텔을 소유하고 있는 아버지를 돕고 있습니다.
미나: 이 결혼식은 무슨 요일에 있을 예정입니까?
파투마: 다음 주 토요일입니다.
미나: 아이구! 우리는 목요일에 떠날 계획입니다!
파투마: 당신들 결혼식 전에 떠나지 마세요!
결혼식에 참석하기 위해 반드시 휴가를 연장해야겠습니다.

SARUFI

가상법(subjunctive)

스와힐리어에서는 목적, 의무, 제안, 희망, 요구 등등의 의미를 표현하기 위해 가상법이 널리 사용된다. 현재 이루어지지 않은 행위를 다루는 가상법 형태의 문장에서는 직설법 형태의 문장과 달리 시제가 나타나지 않는다. 가상법의 기본적인 형태는 아래와 같다.

주격전철 + 목적격전철 + 동사원형(마지막 음절의 '-a'가 '-e'로 바뀐다)

u (너, 주격전철) + imba (노래하다, 동사원형) = Uimbe 당신이 노래해 주세요.

*가상법 형태의 문장에서 주격전철과 목적격전철이 필수적으로 나타나는 것은 아니다.

✎ 마지막 음절이 '-a'가 아닌 동사의 경우, 형태가 변하지 않는다.

Usahau! 잊어버리세요!

Ufikiri! 생각해 보세요!

✎ 직설법 형태의 문장에서와는 달리, 단음절동사에 ku가 첨가되지 않는다.

Ule! 드세요!

Unywe! 마시세요!

Uje! 오세요!

(1) 공손명령

Upike chakula! 음식을 요리하세요!

Usimame pale! 그곳에 서 주세요!

(2) 간접명령

Mwambie apike wali. 그에게 밥을 하라고 말하세요.

Tulimtaka asome. 우리는 그가 공부하기를 원했다.

(3) 목적/의도

Mwite haraka tumpe zawadi. 빨리 그를 불러라, 우리가 그에게 선물을 줄 수 있도록.

Tuliondoka mapema ili tumkutane. 우리는 그와 만나기 위해 일찍 떠났다.

(4) 제안

Twende! 가자!

Tuanze kazi! 일을 시작하자!

(5) 제안의 뜻을 지닌 의문

Ningoje hapa? 내가 여기서 기다릴까요?

Tuanze kula? 우리 먹기 시작할까요?

(6) 의무

Lazima apike sasa. 그가 지금 요리해야 한다.

Inafaa uondoke hapa. 당신이 여기를 떠나는 것이 낫다.

MATUMIZI

1 ~로부터 초대받았습니다.

Umealikwa ngoma kesho kutwa. 당신은 모레 잔치에 초대받았습니다.

Nimealikwa na nani? 내가 누구로부터 초대받았습니까?

Umekaribishwa na Juma. 당신은 주마로부터 초대받았습니다.

Tumealikwa na Ali kesho jioni. 우리는 알리에게 내일 저녁 초대받았습니다.

Tutaondoka saa ngapi? 우리는 몇 시에 출발할 예정입니까?

Saa kumi na moja hivi. 5시 정도입니다.

Wamealikwa sherehe Alhamisi. 그들은 목요일 축제에 초대받았습니다.
Watafurahi sana. 그들은 매우 기뻐할 것입니다.

sherehe 축제

2 ~이 무슨 요일에 있을 예정입니까?

Arusi hii itakuwa siku gani? 이 결혼식은 무슨 요일에 있을 예정입니까?
Itakuwa Jumamosi. 토요일에 있을 예정입니다.

Mtihani huu utakuwa siku gani? 이 시험은 언제 있을 예정입니까?
Utakuwa Jumatatu. 월요일에 있을 예정입니다.

mtihani 시험

Atarudi siku gani? 그는 무슨 요일에 돌아올 것입니까?
Atarudi Ijumaa. 그는 금요일에 돌아올 것입니다.

3 ~할 계획입니다.

Tunakusudia kuondoka siku ya Alhamisi. 우리는 목요일에 떠날 계획입니다.

Ninakusudia kwenda sokoni kesho. 나는 내일 시장에 갈 계획입니다.

Wanakusudia kujenga nyumba mwaka ujao. 그들은 내년에 집을 지을 계획입니다.

-jenga 짓다, 건설하다

Unakusudia kuja hapa siku gani? 당신은 무슨 요일에 여기에 올 계획입니까?

4 떠나지 마세요!

Msiondoke kabla ya arusi. 당신들은 결혼 전에 떠나지 마십시오.
Haya, tutaongeza likizo. 좋습니다, 우리는 휴가를 연장할 것입니다.

Usiondoke sasa. 지금 떠나지 마세요.
Lazima nirudi nyumbani. 나는 집으로 돌아가야 합니다.

MAZOEZI

1 제시된 동사의 기본형과 해석을 참고하여 가상법 형태로 문장을 완성하세요.

1 Lazima ____________. 당신은 떠나야만 한다. (-ondoka)

2 ____________ chakula. 우리에게 음식을 갖다 주세요. (-letea)

3 Mambie ____________ wali. 그에게 밥을 요리하라고 말하세요. (-pika)

4 ____________ hapa? 내가 당신을 여기서 기다릴까요? (-ngojea)

5 ____________ kula. 우리 먹기 시작합시다. (-anza)

6 Nitaondoka saa hii ili ____________.

나는 그를 만나기 위해 지금 출발할 것이다. (-kutana)

2 한국어로 해석하세요.

1 Umekaribishwa na Amina ambaye ataolewa wiki ijayo.

____

2 Babake ni yule mwenye duka karibu na hoteli.

____

3 Arusi hii itakuwa siku gani?

____

4 Lazima mwongeze likizo.

____

5 Umealikwa ngoma kesho kutwa.

____

③ 스와힐리어로 작문하세요.

1 지호 역시 초대받았습니까?

2 지금 떠나지 마세요!

3 당신은 몇 시에 출발할 예정입니까?

4 우리는 목요일에 떠날 계획입니다.

5 다음 주 토요일입니다

6 아미나는 누구와 결혼합니까?

Somo la 18
카페에서

Habari za safari?

여행은 어떠했나요?

MSAMIATI

akina 친구들, 친지들 (kina)
mpaka 국경, ~까지
msafiri 여행자
halisi 진정한, 진품의
Kifaransa 프랑스어
-hudhuria 참가하다
mkutano 회의
Ufaransa 프랑스
-ongea 대화하다, 말하다
polepole 천천히
-jifunza 배우다
-kumbuka 기억하다
haraka 빨리

MAZUNGUMZO

지호와 미나는 라무에서 나이로비로 돌아왔다. 지호는 나이로비의 한 노천카페에서 친구 주마를 만났다.

주마: Habari za safari?
지호: Salama tu. Akina Vumbi walitukaribisha vizuri.
주마: Mama yake anaishi wapi? Karibu na Mombasa?
지호: Kijiji kinaitwa Vanga.
Si mbali na mpaka kati ya Kenya na Tanzania.
주마: Sasa wewe ni msafiri halisi!
지호: Na wewe, siku hizi unafanya nini?
주마: Ninajifunza Kifaransa.
Nimealikwa kuhudhuria mkutano huko Ufaransa.
Itakuwa vizuri kama nitaweza kuongea kwa Kifaransa huko.
지호: Mtu akisema Kifaransa unaweza kuelewa maneno yake?
주마: Akisema polepole huenda nikaelewa.
Ni kama wewe, jinsi ulivyojifunza Kiswahili.
지호: Nakumbuka sana. Sikuweza kuelewa Kiswahili vizuri.
주마: Unajifunza kwa haraka.
지호: Walimu wengi wananisaidia kujifunza Kiswahili.

주마: 여행은 어땠나요?
지호: 평안했을 뿐입니다. 붐비의 친지들이 우리를 따뜻하게 맞이해 주었습니다.
주마: 그의 어머니는 어디 사십니까? 몸바사 근처에요?
지호: '방가'라고 불리는 마을입니다.
케냐와 탄자니아 사이 국경에서 멀지 않지요.
주마: 이제 당신은 진정한 여행자군요!
지호: 그러면 당신은 요즘 뭐하면서 지내세요?
주마: 나는 프랑스어를 배우고 있습니다.
나는 저기 프랑스에 회의 참석차 초대받았습니다.
내가 거기서 프랑스어로 대화할 수 있다면 좋을 것입니다.

지호: 누가 프랑스어로 이야기하면 그 말을 알아들을 수 있나요?

주마: 천천히 말하면 알아들을 수 있습니다.
마치 당신이 스와힐리어를 배웠던 방식처럼요.

지호: 매우 잘 기억하고 있습니다. 처음에 나는 스와힐리어를 잘 알아듣지 못했었지요.

주마: 당신은 빨리 배우고 있습니다.

지호: 많은 선생님들이 나의 스와힐리어 공부를 도와주고 있습니다.

SARUFI

파생동사체계

스와힐리어에서는 동사의 어미에 접미사를 첨가함으로써 여러 가지 추가적인 의미를 나타낼 수 있다.

(1) 지향형(Directive): 어미에 'i', 'e' 첨가(어미에 모음이 반복될 경우 'l' 추가)

※ '~를 위해'의 의미

Ninamwandikia barua kwa sababu hajui kuandika.
그는 쓸 줄을 모르기 때문에 내가 그를 위해 편지를 쓰고 있다. (-andika → andikia)

Sina nguvu, unichukulie mzigo huu!
나는 기운이 없으니, 나를 위해 이 짐을 옮겨 주시오! (-chukua → chukulia)

Alinitafutia jembe zuri.
그는 나를 위해 좋은 쟁기를 찾아주었다. (-tafuta → tafutia)

※ 도구의 쓰임을 표현할 때

Wanataka vikombe vya kunywea chai.
그들은 차를 마실 컵들을 원한다. (-nywa → nywea)

Huu ni mshipi wa kuvulia samaki.
이것은 물고기 잡을 때 쓰이는 낚싯줄이다. (-vua → vulia)

※ 지향점을 나타낼 때

Mzee alilikimbilia basi ili kupata nafasi.
노인은 자리를 잡기 위해 버스를 향해 뛰었다. (-kimbia → kimbilia)

Watoto walimtupia mawe mtu huyo.
아이들은 그 사람을 향해 돌을 던졌다. (-tupa → tupia)

(2) 수동형(Passive): 어미에 'w' 첨가

Chakula kimetayarishwa na mama. 어머니에 의해 식사가 준비되었다. (-tayarisha → tayarishwa)

Kijana aligongwa na gari. 청년이 차에 치었다. (-gonga → gongwa)

Nililetwa hapa na baba. 나는 아버지에 의해 이곳에 오게 되었다. (-leta → letwa)

Jina lake limesahauliwa. 그의 이름은 잊혀졌다. (-sahau → sahauliwa)

(3) 상태형(Stative): 어미에 'k' 첨가

※ '상태'의 의미

Mlango umefunguka. 문이 열려 있다. (-fungua → funguka)

Kiti kimevunjika. 의자가 부서졌다. (-vunja → vunjika)

Kamba ile imekatika. 저 줄은 끊어졌다. (-kata → katika)

※ '가능성'의 의미

Kazi hii inafanyika. 이 일은 완수될 수 있다. (-fanya → fanyika)

Njia ile haikupitika. 저 길은 통과할 수 없었다. (-pita → pitika)

✎ -ona, -pata, -weza 등의 동사는 상태형에서 어미가 '-kana'가 된다.

Nyumba ile inaonekana hapa. 저 집은 여기서 보인다. (-ona → onekana)

Inawezekana kupata gari la moshi kwenda Busan hapa.
여기서 부산가는 기차를 타는 것이 가능하다. (-weza → wezekana)

(4) 사역형(Causative): 어미에 'sha', 'z' 첨가

Hebu punguza bei! 값을 깎아 주세요!
(-pungua → punguza)

Mama aliniamsha leo asubuhi. 어머니가 오늘 아침에 나를 깨웠다.
(-amka → amsha)

Msaada wake utarahisisha kazi hii. 그의 도움이 이 일을 쉽게 할 것이다.
(rahisi → rahisisha)

(5) 상호형(Reciprocal): 어미에 'na' 첨가

Baba na mama wanapendana sana.
아버지와 어머니는 서로를 매우 사랑한다.
(-penda → pendana)

Yeye na ndugu zake wanadharauliana.
그와 그의 형제들은 서로 매우 싫어한다.
(-dharau → dharauliana)

Nilikutana naye dukani. 나는 상점에서 그와 만났다.
(-kuta → kutana)

Usigombane na dada yako! 너의 누나와 싸우지 마라!
(-gomba → gombana)

(6) 정지형(Static): 어미에 'ma', 또는 'mana' 첨가

Wakati tulipofika pale, mwizi alifichama.
우리가 그곳에 도착했을 때, 도둑은 숨어버렸다.
(-ficha → fichama)

Mwitu umefungamana. 숲에 나무가 빽빽이 들어서 있다.
(-funga → fungamana)

(7) 반대형(Conversive): 어미에 'u' 첨가

Hebu ufungue dirisha kwa sababu kuna joto.
더우니까 창문 좀 열어주세요.
(-funga → fungua)

Alizibua kizibo cha chupa. 그는 병의 마개를 땄다.
(-ziba → zibua)

(8) 강조형(Augmentative): 어미에 'u' 첨가

Alikamua matiti ya ng'ombe ili kupata maziwa.
그는 우유를 얻기 위해 소의 젖을 쥐어짰다.
(-kama → kamua)

Baba alichimbua miti katika bustani.
아버지는 정원의 나무들을 파내서 뽑아 버렸다.
(-chimba → chimbua)

(9) 반복형(Reduplication): 동사를 반복

Alitusumbulia kwa sababu alisemasema tu.
그가 계속 떠들기만 해서 우리를 귀찮게 했다.
(-sema → semasema)

Watoto wale wanachezacheza tu.
저 아이들은 계속 놀기만 한다.
(-cheza → chezacheza)

(10) 재귀형: 동사 앞에 'ji' 첨가

Lazima ujitayarishe kwenda safari mpaka saa tatu.
당신은 9시까지 여행을 떠날 준비를 스스로 해야 한다.
(-tayarisha → jitayarisha)

Mwana wake alijitegemea kiuchumi.
그의 아들은 경제적으로 독립했다.
(-tegemea → jitegemea)

MATUMIZI

1 ~가 따뜻하게 맞이해 주었습니다.

Mlikaa wapi? 당신들은 어디 머물렀습니까?

Akina Vumbi walitukaribisha vizuri. 붐비의 친지들이 우리를 따뜻하게 맞이해 주었습니다.

Ulikaa wapi? 당신은 어디 머물렀습니까?
Rafiki yangu alinikaribisha vizuri. 나의 친구가 나를 따뜻하게 맞이해 주었습니다.

Alikaa wapi? 그는 어디 머물렀습니까?
Nilimkaribisha vizuri. 내가 그를 따뜻하게 맞이해 주었습니다.

2 ~는 어디에 살고 있습니까?

Mama yake hukaa wapi? 그의 어머니는 어디에 살고 있습니까? (평소에 어디 머무르고 있습니까?)
Mama yake hukaa karibu na Mombasa. 그의 어머니는 몸바사 근처에 살고 있습니다.

Wewe hukaa wapi? 당신은 어디에 살고 있습니까?
Mimi hukaa Mji wa Kisumu. 나는 키수무 시에 살고 있습니다.

Wao hukaa wapi? 그들은 어디에 살고 있습니까?
Wao hukaa Nairobi. 그들은 나이로비에 살고 있습니다.

3 뭐하고 지내세요?

Unafanya nini? 당신은 뭐하고 지내세요?
Najifunza Kifaransa. 나는 프랑스어를 배우고 있습니다.

Mnafanya nini? 당신들은 뭐하고 지내세요?
Tunafanya biashara sokoni. 우리는 시장에서 장사를 하고 있습니다.

Anafanya nini? 그는 뭐하고 지냅니까?
Siku hizi anasafiri. 요즘 그는 여행하고 있습니다.

4 ~하는 것이 낫다.

Bora nijaribu kusema kidogo Kifaransa kidogo. 내가 프랑스어를 조금 하도록 노력하는 것이 낫다.

Bora nirudi nyumbani kabla ya saa moja jioni. 내가 저녁 7시 전까지 집에 돌아오는 것이 낫다.

Bora ale chakula kabla ya kuondoka. 출발하기 전에 그가 음식을 먹는 것이 낫다.

Bora wasome kitabu hiki. 그들이 이 책을 읽는 것이 낫다.

MAZOEZI

1 해석을 참고하여 제시된 동사를 알맞은 형태로 바꾸어 문장을 완성하세요.

1 ________ jembe zuri.

그는 나를 위해 좋은 쟁기를 찾아주었다. (-tafuta)

2 Kijana ________ na gari.

청년이 차에 치었다. (-gonga)

3 Nyumba ile ________ hapa.

저 집은 여기서 보인다. (-ona)

4 Mama ________ leo asubuhi.

어머니가 오늘 아침에 나를 깨웠다. (-amka)

5 Baba na mama ________ sana.

아버지와 어머니는 서로를 매우 사랑한다. (-penda)

6 Wakati tulipofika pale, mwizi ________.

우리가 그곳에 도착했을 때, 도둑은 숨어버렸다. (-ficha)

7 Baba ______ miti katika bustani.

아버지는 정원의 나무들을 파내서 뽑아 버렸다. (-chimba)

8 ______ kizibo cha chupa.

그는 병의 마개를 땄다. (-ziba)

2 한국어로 해석하세요.

1 Nimealikwa kuhudhuria mkutano huko Ufaransa.

______

2 Akina Vumbi walitukaribisha vizuri.

______

3 Bora ale chakula kabla ya kuondoka.

______

4 Ni kama wewe, jinsi ulivyojifunza Kiswahili.

______

5 Mtu akisema Kifaransa unaweza kuelewa?

______

3 스와힐리어로 작문하세요.

1 그가 어디에 살고 있습니까? (평소에 어디 머무르고 있습니까?)

______

2 당신은 이제 용감한 여행자입니다.

______

3 그들은 뭐하고 지냅니까?

______

4 그가 나를 따뜻하게 맞이해 주었습니다.

5 나는 지금 기억이 납니다.

6 많은 선생님들이 나의 스와힐리어 공부를 도와주고 있습니다.

해답

제시된 답은 하나의 예시이며, 다른 표현들도 얼마든지 가능하다.

Somo la 01

①
1 Sijambo. 2 Hatujambo. 3 Hawajambo.
4 Hajambo. 5 Poa.

②
1 Jambo? / Jambo. 2 Hajambo? / Hajambo.
3 Hamjambo? / Hatujambo.

③
1 si 2 hu 3 ha 4 hatu 5 ham 6 hawa

Somo la 02

①
1~4 Nzuri. / Njema. / Salama. / Safi. / Siyo mbaya. 5 Marahaba. 6 Karibu.

②
1 Habari za kazi. / Nzuri tu.
2 Habari za jioni. / Salama.
3 Habari za nyumbani. / Nzuri.
4 Unatoka wapi. / Ninatoka Korea.

Somo la 03

①
1 U 2 Ni 3 Wa 4 Tu 5 A

②
1 곧바로 가시다가 왼쪽으로 도세요!
2 당신은 나에게 길을 가르쳐줄 수 있습니까?
3 우체국이 어디 있습니까?
4 당신은 왼편에서 우체국을 발견할 것입니다.

③
1 Itachukua dakika ngapi?
2 Funga mlango!
3 Fanya kazi!
4 Njoo hapa!
5 Nenda!
6 Chukueni mizigo!
7 Tutaonana!

Somo la 04

①
1 kwenda 2 Kusoma 3 Ufanye 4 Msile

②
1 나는 이 편지들을 보내고 싶습니다.
2 당신은 50실링짜리 우표 세 장이 필요합니다.
3 학교에 가지 않는 것은 나쁘다.
4 여러분들 청소 하세요!

③
1 Kula 2 Nenda 3 Ufungue 4 Msilale
5 Usifanye

④
1 Una barua ngapi?
2 Funga mlango!
3 Anapenda kula chakula.
4 Usisome kitabu hiki!
5 Mnywe chai!

Somo la 05

①
1 lini 2 watatu 3 ngapi 4 mawili

②

1 당신은 몇 시에 떠날 것입니까?

2 몇 명의 학생들이 교실에 있습니까?

3 그는 10시에 도착할 것입니다.

4 당신은 반드시 아침 7시까지 여기 도착해야 합니다.

③

1 saa tatu asubuhi

2 saa moja na nusu asubuhi

3 saa nane na robo mchana

4 saa mbili kasa robo jioni

5 saa nne na dakika ishirini usiku

④

1 Nitakwenda kesho asubuhi.

2 Pesa ngapi kwa tikiti mbili?

3 Ni saa ngapi?

4 Bei gani? / Pesa ngapi?

5 Shilingi elfu moja na mia sita.

6 Nina watoto wawili.

Somo la 06

①

1 wa 2 i 3 ni 4 li 5 zi

②

1 mzuri 2 wabaya 3 wetu 4 wengi 5 mmoja

③

1 몸바사에 비행기로 가는 것이 더 낫습니다.

2 나는 표를 사러 버스정류장에 갔습니다.

3 아마 그는 모레 갈 것입니다.

4 환자가 어제 죽었다.

5 이 소녀는 매우 예쁘다.

④

1 Anataka kunywa chai.

2 Tuletee kahawa mbili.

3 Mtu mmoja atakwenda Mombasa kwa ndege.

4 Watoto wakubwa wawili wanakwenda shule.

5 Hatuna pesa nyingi.

6 Itachukua masaa mangapi?

Somo la 07

①

1 wanakwenda 2 anakuja 3 ninakunywa

4 wanacheza

②

1 Mama hapiki.

2 Watoto hawachezi mpira.

3 Nguo haifai.

4 Sijui.

③

1 우리는 욕실과 화장실이 있는 객실이 필요 없습니다.

2 당신들은 우리 호텔에 몇 시까지 머무를 예정입니까?

3 친구들이 오늘 오고 있다. (올 것이다)

4 나는 당신의 방 예약하는 것을 마쳤습니다. 우리 내일 만납시다.

④

1 Jina lako ni nani? / Unaitwa nani? / Unaitwaje?

2 Nitakuwa mpaka kesho.

3 Tunaomba vyumba vitatu. Kuna nafasi?

4 Unapenda mpira ya miguu?

5 Watu wangapi watakuja hapa?

6 Utafika Mombasa lini?

Somo la 08

①

1 mkubwa 2 mingi 3 mingine 4 mmoja

5 midogo 6 mpya

❷

1 i 2 u 3 u 4 i

❸

1 나는 당신의 전화를 받을 수 없었습니다.
2 포터가 당신에게 방을 보여줄 것입니다. (객실로 안내할 것입니다.)
3 선생님은 어디 계시나요?
4 다음 주에 내가 당신에게 전화를 걸겠습니다.
5 그는 무거운 짐 두 개를 운반하고 있습니다.

❹

1 Unaweza kuningojea?
2 Niko nyumbani.
3 Nilipiga simu jana, kuwekesha chumba.
4 Nisaidie kuchukua mzigo.
5 Mkono unauma sana.

Somo la 09

❶

1 wafanya 2 waogopa
3 nanywa 4 wasoma

❷

1 Mtu halali usiku.
2 Watoto hawapendi mchezo wa mpira.
3 Hujui Kiswahili.
4 Ng'ombe hawali majani.

❸

1 이 스위치는 객실 등을 켭니다.
2 우리는 숟가락 두 개가 더 필요합니다.
3 우리가 따뜻한 목욕물을 얻을 수 있습니까? (따뜻한 목욕물이 나오나요?)
4 당신들은 추위를 느끼지 않을 것입니다, 그렇지요?
5 소들은 사자를 무서워한다.

❹

1 Naweza kupata maji ya kunywa?
2 Kipofu haoni kitu.
3 Hapa ni chumba chenu.
4 Siku zote nasikia joto tu.
5 Kila kitu kiko tayari.

Somo la 10

❶

1 kubwa 2 mengi 3 mengine 4 moja
5 wadogo 6 mapya

❷

1 ya 2 li 3 ya 4 wa

❸

1 내가 당신에게 35실링에 해드리겠습니다.
2 당신은 내 차를 안 사실 것입니까?
3 과일 가게가 저기 있습니다.
4 어머니는 음식을 요리하기 위해 부엌으로 가고 계십니다.
5 아이들은 덜 익은 망고 먹기를 좋아합니다.

❹

1 Unataka tikiti ngapi?
2 Nifanyie bei nzuri.
3 Leo sokoni, machungwa ni ghali kuliko maembe.
4 Je, pesa ngapi kwa papai hili?
5 Matunda haya yanatosha.

Somo la 11

❶

1 wema 2 myeusi
3 mekundu 4 cheupe

2

1 tajiri 2 maskini 3 rasmi
4 muhimu 5 hodari

3

1 나는 이것의 모양은 좋은데, 빨간색이 싫습니다.
2 당신은 어떤 종류의 물건을 찾고 있습니까?
3 저기 모퉁이에 옷가게가 있다.
4 압둘라는 오마리보다 총명하다.
5 내 옷은 네 것보다 깨끗하다.

4

1 Turudi kwa hoteli.
2 Unapenda chakula hiki?
3 Ali ni mrefu kuliko Juma.
4 Tutarudi baadaye.
5 Mfuko huu umejaa na matunda.

Somo la 12

1

1 kikubwa 2 vingi 3 kingine 4 kimoja
5 kidogo 6 kipya

2

1 vi 2 ki 3 ki 4 wa

3

1 비리아니는 어떤 음식입니까?
2 저 작은 감자들을 던지지 마세요!
3 우리는 우리의 그 마을을 좋아한다.
4 이 칼은 매우 날카롭다.
5 그에게 음식을 갖다 주세요.

4

1 Kiswahili chako ni kizuri sana.
2 Tukae wapi?
3 Mnapenda chakula gani?
4 Atakunywa kahawa.
5 Kitoto hajala chakula chake bado.

Somo la 13

1

1 Mw 2 ku 3 mw 4 Ni

2

1 i 2 ya 3 vi 4 i

3

1 우리는 모든 종류의 고기를 가지고 있습니다.
2 의사를 부르세요!
3 우리는 이미 많은 고기를 주문했습니다.
4 당신은 그를 보지 못했다.
5 작은 아이가 그의 형을 무서워한다.

4

1 Tuletee nyama ya mbuzi.
2 Tunaipenda.
3 Uongeze nusu.
4 Una chakula gani leo?
5 Uchome vizuri.

Somo la 14

1

1 wamekwenda 2 amekuja 3 nimekunywa
4 wameamka

2

1 Mama hajapika.
2 Sijanunua mkate.
3 Hujala chakula.
4 Sijaolewa.
5 Hatujafika.

③

1 우리는 아직 킬리만자로산에 오르지 않았다.

2 물통은 저기 구석에 있습니다.

3 서둘러주세요, 우리는 매우 배가 고픕니다.

4 당신은 밭에 많은 채소가 있는 것을 보지 못했나요?

5 그가 떠난 지 두 시간 정도 되었다.

④

1 Nenda kunawa mikono kwanza.

2 Anafanya nini?

3 Kijiko kiko wapi?

4 Bado sijapata mshahara wangu.

5 Wazazi wangu wameketi.

6 Rafiki yangu alinifundisha Kiswahili.

Somo la 15

①

1 hiki 2 wale 3 yale 4 hizo 5 hii

②

1 huyu 2 vile 3 ile 4 hili

③

1 나이로비로 가기 전에 나는 저기 몸바사에서 볼일이 있습니다.

2 나는 라무를 방문할 여유가 있을지 모르겠습니다.

3 당신들이 아침에 여기서 떠난다면, 저녁에 읍내에 도착하게 될 것이다.

4 나는 내가 도착했을 때 그가 거기 있기를 희망합니다.

5 너의 저 오래된 차를 팔아라!

④

1 Usitupe viazi vile vidogo!

2 Bila shaka Lamu ni mahali pa kupendeza?

3 Anasafiri mara kwa mara kwa ajili ya kazi.

4 Kwa kawaida anakaa kwetu siku mbili tu.

5 Nitafurahi kusafiri naye.

6 Lete mizigo hii mizito!

Somo la 16

①

1 ni 2 si 3 ni 4 yamo

②

1 Nilikuwa na swali.

2 Alikuwepo msituni.

3 Ulikuweko wapi?

4 Kulikuwa na vitabu vingi.

③

1 라무까지는 몇 시간이나 걸립니까?

2 친척 농장을 방문한 우리는 짐이 많다.

3 내 남편에게 짐들을 줘야만 했습니다.

4 승객들은 앞에 있는 사람들이 지키도록 짐을 맡기곤 합니다.

5 이 사람이 바로 도둑이다.

④

1 Unasafiri mpaka Lamu?

2 Tuna mifuko miwili tu.

3 Tutaongea zaidi baadaye.

4 Hawatakuwepo.

5 Imebaki masaa manne mpaka Lamu.

6 Usiwe na wasiwasi!

Somo la 17

①

1 uondoke 2 Tuletee 3 apike 4 Nikungojea 5 Tuanze 6 nimkutane

②

1 당신은 다음 주에 결혼하는 아미나에게 초대받았습니다.

2 그의 아버지는 호텔 근처에 상점을 가지고 있는 분입니다.

3 이 결혼식은 무슨 요일에 있을 것입니까?

4 당신들은 반드시 휴가를 연장해야만 합니다.

5 당신은 모레 잔치에 초대 받았습니다.

3

1 Jiho pia amealikwa?
2 Usiondoke sasa!
3 Utaondoka saa ngapi?
4 Tunakusudia kuondoka siku ya Alhamisi.
5 Jumamosi ya wiki ijayo.
6 Amina ataolewa na nani?

Somo la 18

1

1 Alinitafutia 2 aligongwa 3 inaonekana
4 aliniamsha 5 wanapendana 6 alifichama
7 alichimbua 8 Alizibua

2

1 나는 회의 참석을 위해 저기 프랑스에 초대받았습니다.
2 붐비의 친지들이 우리를 따뜻하게 맞이해 주었습니다.
3 떠나기 전에 그는 음식을 먹는 것이 낫다.
4 마치 당신이 스와힐리어를 배운 방식처럼요.
5 누가 프랑스어로 말하면 당신은 알아들을 수 있습니까?

3

1 Yeye hukaa wapi?
2 Wewe ni msafiri hodari sasa.
3 Wanafanya nini?
4 Alinikaribisha vizuri.
5 Nakumbuka sasa.
6 Walimu wengi wananisaidia kujifunza Kiswahili.

저자, 강사, 독자가 공존하기 위한 문예림 정책
평등한 기회와 공정한 정책으로
올바른 출판문화를 이끌도록 하겠습니다.

저 자

1. **도서는 판매부수에 따라 인세 정산하지 않습니다.**
   출판사는 일반적으로 판매분에 대해서 반기별 정산하지만, 우리는 도서 판매여부 관계없이 초판, 증쇄 발행 후 30일 이내 일괄 지급합니다. 보다 좋은 콘텐츠 연구에 노력하여 주십시오. 판매보고는 반기별로 중쇄 계획은 인쇄 60일전 안내합니다.

2. **도서 계약은 매절로 진행하지 않습니다.**
   매절계약은 출판계의 오랜 관행이지만 불합리한 계약방식입니다. 이로 인하여 저자들의 집필 의욕이 저해하여 생존력 짧은 도서로 전락합니다.

3. **판매량을 기준으로 절판하지 않습니다.**
   판매량에 따라 지속 판매여부를 결정하지 않으며 독창성, 전문성, 영속성이 기준으로 합니다.

강 사

1. **동영상강의 콘텐츠 계약은 매절로 진행하지 않습니다.**
   우리는 강사님의 소중한 강의를 일괄 취득하는 행위는 않으며, 반기별 판매보고 후 정산합니다.

2. **유료 동영상강의 인세는 콘텐츠 순 매출액의 20%를 지급합니다.(자사 사이트 기준)**
   우리는 가르침의 의미를 소중히 알며, 강사와 공존을 위하여 업계 최고 조건으로 진행합니다.

3. **판매량에 따라 동영상 강의 서비스를 중단하지 않습니다.**
   판매량이 따라 결정하지 않으며 지속가능한 의미가 있다면 유지합니다. 독창성, 전문성, 영속성을 기준으로 합니다.

독자 및 학습자

1. **도서는 제작부수에 따라 정가를 정합니다.**
   콘텐츠는 저자가 지속적인 연구할 수 있는 기반이 되며, 그 혜택은 독자와 학습자에게 전문성 있고 다양한 콘텐츠로 보답할 것입니다.

2. **도서 관련 음원(MP3)은 회원가입 없이 무료제공 됩니다.**
   음성은 어학학습의 꼭 필요한 부분으로 아무런 제약 없이 자유롭게 제공합니다. 다만, 회원가입 하시면 보다 많은 서비스와 정보를 얻을 수 있습니다.

3. **모든 콘텐츠는 책을 기반으로 합니다.**
   우리의 모든 콘텐츠는 책으로 시작합니다. 콘텐츠에 맞게 보다 다양한 콘텐츠로 함께 하도록 하겠습니다.